Von Steffi von Wolff ist bereits folgender Titel erschienen:
Gut geplant ist halb verloren. Eine romantische Weihnachts-
geschichte

Über die Autorin:
Steffi von Wolff hat bereits zahlreiche Romane und Sachbücher
geschrieben, darunter mehrere Bestseller (Fremd küssen,
Glitzerbarbie, ReeperWahn). Steffi von Wolff lebt in Hamburg.

Steffi von Wolff

Perfekt sein muss nur, wer sonst nichts kann

Lockerungsübungen für Frauen ab 50

Besuchen Sie uns im Internet:
www.knaur.de

Originalausgabe Oktober 2018
Knaur Taschenbuch
© 2018 Knaur Verlag
Ein Imprint der Verlagsgruppe
Droemer Knaur GmbH & Co. KG, München
Alle Rechte vorbehalten. Das Werk darf – auch teilweise – nur mit
Genehmigung des Verlags wiedergegeben werden.
Redaktion: Regina Carstensen
Covergestaltung: ZERO Werbeagentur, München
Coverabbildung: © FinePic / Marharyta Pavliuk/Shutterstock.com
Satz: Adobe InDesign im Verlag
Druck und Bindung: CPI books GmbH, Leck
ISBN 978-3-426-78975-9

2   4   5   3   1

Auf uns! Das Leben ist noch lange nicht vorbei!

Inhalt

Wenn man in ein bestimmtes Alter kommt

Nein, ich bin keine über Fünfzigjährige, die sich darüber auslässt, dass sie sich jetzt ab sofort selbst finden muss, die Haaransätze nicht mehr nachfärbt, weil das einfach so irre natürlich ist. Und ich behaupte auch nicht, wer mich nicht so liebt, wie ich bin, der kann überhaupt nicht lieben.

Und bevor Sie auf falsche Gedanken kommen: Das hier ist auch kein Handbuch für die Frau ab 50. Ich werde ebenso wenig über Achtsamkeit predigen (höchstens erwähne ich die Leute, die mir das dauernd aufdrücken wollen), und ich werde gewiss nicht darüber dozieren, dass man das Alter »halt akzeptieren« muss und das Älterwerden einfach als wahnsinnige Bereicherung ansehen sollte. Nee. Ich bin jetzt, in diesem Moment, in einem Alter,

1. in dem man Dinge nicht unbedingt noch machen muss, vielmehr weiß ich, was ich garantiert *nicht* machen werde.
2. in dem ich das Passende sage, wenn es angebracht ist, und die Klappe halte, wenn es nichts zu sagen gibt.
3. in dem ich mir die Freiheit nehme, über Lächerliches herzhaft zu lachen! Jawoll!
4. Punkt.

Meine Zeit läuft nicht mehr irgendwann ab. Wenn man es genau nimmt und wenn es weiter halbwegs gut geht, dann ist diese abgelaufene Zeit nicht in unmittelbarer, aber schon in denkbarer Nähe. Wird sie sich auch hoffentlich nicht in den nächsten Wochen, Monaten oder Jahren bei mir melden, so ist es trotzdem eine Tatsache: Ich bin keine 20 mehr, und alles ist endlich, auch das Leben. Ich gehe heute mit ganz anderen Gefühlen und Gedanken über den Friedhof als mit 30. Letztens war meine Großmutter neun Jahre tot, nächstes Jahr werden es 20 sein.

Man wird demütiger. Lernt Dinge mehr zu schätzen. Lernt auch, dass es besser ist, sich von manchem zu trennen.

Und das ist gut so.

Und weil das hier auch kein Handbuch ist, werde ich selbstverständlich keine Statistiken, keine Links und keine sonstigen offiziellen Meinungen oder Auffassungen zum Besten geben. Nur meine persönliche Meinung. Und die meiner Freunde. Jetzt höre ich die eine oder andere denken: Was maßt die sich denn an, ist die denn so wichtig?

Ganz bestimmt nicht. Aber ich bin um die 50, hab einiges erlebt, und vielleicht kann ich das eine oder andere weitergeben. Bestimmt liege ich manchmal falsch, hoffe aber, dass man sich mit mir und dem Buch nicht allein fühlt.

Eins jedenfalls weiß ich mit großer Bestimmtheit: Es ist befreiend, so viel Erfahrung und Kenntnis zu haben, dass man nicht mehr alles mitmachen muss. Oder endlich kapiert, dass das, was man da liest, Quatsch ist. Oder das, was man hört, gelogen. Und das, was man nicht mehr sagen will, das sollte man auch nicht mehr sagen.

Hört sich eigentlich einfach an, aber der Weg dahin hat einige Jahre gedauert.

Und warum dieses Buch? Darum:

Wir alle haben ja mal so Momente, in denen wir a) überlegen, ob das alles so richtig ist, was man tut; b) glauben, dass das nicht richtig ist, was man tut, oder c) hoffen, dass das nicht richtig ist, was man tut. Kürzlich kam ich zum ersten Mal an Punkt d): Wissen, dass das nicht richtig ist, was man tut, und glücklicherweise erreichte ich dann Punkt e): Wissen, dass das nicht richtig ist, was man tun, und es sein lassen. Seitdem gelange ich immer wieder an diesen Punkt, es war, als hätte der eine, der erste Moment den Anstoß gegeben. Und ich habe ... Aber der Reihe nach.

Vor einiger Zeit war ich auf Facebook unterwegs. Ich bin in diversen, meist überflüssigen Gruppen ein Mitglied und lese mir die oft sinnfreien Beiträge gern morgens im Bett beim ersten Kaffee durch. So stieß ich in einer Körpergruppe (alle Gruppen, die sich mit Gewicht, Aussehen und Ernährung beschäftigen, nenne ich Körpergruppen) auf den sehr interessanten Beitrag einer Userin, die in höchsten Tönen von einer »Neuheit auf dem Markt« schwärmte und behauptete, ihr Leben sei bislang sinnlos gewesen, aber jetzt, da sie endlich die Lösung habe, sei alles gut.

Die Lösung hatte auch einen Namen, sie kam in Gestalt von Papain-Kapseln daher. Schluckte man diese Kapseln, die das Enzym Papain enthalten (vorzufinden in der Papaya) einige Wochen, dann, so die Botschaft: VERSCHWINDET DIE ORANGENHAUT FÜR IMMER!!!

Ich setzte mich im Bett auf, war fassungslos und verwundert, weil ich *noch nie* etwas über diese Kapseln gehört oder gelesen hatte. Und ich war dankbar, dass ich es nun endlich wusste, weil ich zu den hundert Prozent der Frauen gehöre, die ihre Cellulitis nicht wohlwollend akzeptieren. Wer sagt schon voller Freude: »Es ist doch mein

Körper, und diese Bindegewebsschwäche gehört einfach zu mir«?

Ohne groß weiter nachzudenken, klickte ich auf den Link, der unter dem Beitrag angegeben war, und bestellte auf diese Weise Papain-Kapseln für horrendes Geld. Und nicht erst mal eine Probierpackung, sondern gleich dreihundert Stück, das war dann auch günstiger (also natürlich insgesamt teurer). Ich stellte mir vor, wie meine Cellulitis verschwinden würde, einfach so, nach kurzer Zeit. Nur durch die Kapseln. Ein Gedanke, den ich nur grandios fand.

Die Kapseln wurden geliefert, ich nahm sie ein – und es passierte nichts. In der Körpergruppe sagte man, als ich dieses Nicht-Ergebnis präsentierte, die Wirkung sei von Mensch zu Mensch unterschiedlich. Dann entdeckte mein Mann die riesige Dose mit den Kapseln und fragte, was das denn sei.

»Papain«, erklärte ich. »Ein Wundermittel. Es hilft gegen Orangenhaut. Garantiert. Die geht dadurch ganz schnell weg. Haben die in einer Facebook-Gruppe gesagt. Papain wirkt hundertprozentig. Die Kapseln gibt es schon lange, wie gut, dass ich sie jetzt auch entdeckt habe.« Klang ich noch überzeugend genug?

Er schaute mich an. »Du bist doch ein intelligenter Mensch«, begann er. Seine Einschätzung freute mich. »Glaubst du nicht auch«, fuhr er fort, »wenn diese Pipapo-Kapseln der Durchbruch wären, die Neuheit überhaupt, das Hammermittel schlechthin, dass das nicht schon längst in jeder, in wirklich jeder Zeitschrift und überall online stehen würde? Würden dann nicht ständig irgendwelche Leute mit superglatten Beinen in Talkshows hocken, sodass die *Bild*-Zeitung täglich eine neue Schlagzeile hätte? Besteht vielleicht die Möglichkeit, dass du mal wieder auf Schwachsinn reingefallen bist? Von wem ist denn diese Info?« Mit dieser Frage war seine lange Ausführung beendet.

Es stellte sich heraus, sehr zu meinem Verdruss, dass die Verfasserin der Nachricht auch die Inhaberin des überteuerten Shops war. Und selbstredend konnte ich die Kapseln nicht zurückgeben. Aus Trotz habe ich sie genommen, bis keine einzige mehr in der Dose übrig war. Wie zu erwarten: Es geschah weiterhin nichts. Alles blieb beim Alten.

Das war der Moment, an dem ich anfing, darüber nachzudenken, dass man manches einfach lassen sollte. Ich dachte: Was mache ich da eigentlich? Es waren ja nicht nur die dämlichen Kapseln. Ständig ließ ich mir irgendwas erzählen oder sollte irgendwas machen oder sagen oder gut finden, was nicht gut war oder ich nicht gut fand. Nur weil man das so machte oder schon immer so gemacht hatte. Oder von mir erwartet hatte. Weil ich, Trottel, schon immer so war.

Und dann dachte ich: Ich kann es ja ändern. Ich kann ja mal aufräumen. Also nicht so Feng-Shui-mäßig, sondern richtig. Dann geht es mir bestimmt besser. Und weil ich so dachte, wollte ich auch gleich damit anfangen.

Kurze Zeit später war ich im Bad und suchte etwas, und da kippte ein Karton um und der Inhalt auf den Boden. Während ich alles aufsammelte, schämte ich mich vor mir selbst. Auf was war ich schon alles reingefallen! Tausend Wundermittel und Wundercremes mit »garantierten« Wirkungen: Falten weg in nur zehn Tagen, graue Haare sind Vergangenheit, nie wieder Spliss, Wohlbefinden der Fingernägel, ein ausgeglichener Eisenhaushalt oder eine fröhliche Darmflora. Alles hatte ich ausprobiert, nichts hatte wirklich funktioniert. Ich hockte vor den kümmerlichen Resten eines Glauben-Wollens. Und hatte fast meine Glaubwürdigkeit verloren. Was sollte ich nun mit diesem Zeug machen? Ich wusste genau, ich würde nie wieder etwas davon benutzen, aber mit dem Wegwerfen und Entsorgen war es bis dahin bei mir so eine Sache gewesen: Ich konnte das nicht gut. Ich kann es immer noch nicht sehr gut. Das gilt auch und besonders bei Lebensmitteln: Ich werfe sie erst weg, wenn ich sie garantiert nicht mehr essen kann, denn dann muss ich kein schlechtes Gewissen mehr haben, sie sind ja ungenießbar geworden. Voll dämlich. Ich hätte sie ja essen können, als sie noch essbar waren. Oder vorher verschenken können.

Also, was tun?, fragte ich mich. Die Lösung war letztlich einfach: weg damit!

Ich entsorgte das Zeug. War das gut. Der ganze Krempel war fort, und ich wurde nicht mehr jedes Mal, wenn ich in den Schrank schaute, damit konfrontiert, was ich mir schon alles hatte aufschwätzen lassen. Herrlich! Das war fast so gut wie Schokolade. Und ich hatte auf einmal viel mehr Platz im Schrank. Ich könnte … Nein, ich würde nichts mehr kaufen. Ich würde den Platz einfach mal Platz sein lassen. Ich fühlte mich verwegen, denn ich konnte nun ungehindert eine Shampooflasche aus dem Schrank nehmen, ohne andere Dinge umzuwerfen oder beiseitezuschieben. Das machte mich sehr froh. Ich stellte fest, dass mich der Karton mit den ganzen Sachen drin eigentlich schon Monate genervt hatte, und jetzt, da er weg war, fiel es noch mehr auf.

Ich fand es richtig gut, Ordnung zu machen, und brachte so das komplette Bad auf Vordermann. Ich entsorgte ausgefranste Handtücher, die ich schon ewig entsorgen wollte, es aber nie getan hatte (nur ich bekam sie zu Gesicht, wen störten sie also?), ich entsorgte eingetrockneten Nagellack (ach, nur mal feste schütteln, dann kann man ihn doch noch verwenden), alte Wimperntusche (bestimmt krieg ich da noch was raus ...) und uraltes Lipgloss (wird nie schlecht). Endlich stellte ich die beiden Parfums, die ich fast nie benutzt hatte und um die ich auch weiterhin einen großen Bogen machen würde, weil das eine an mir roch wie alter Fisch und das andere wie Hühnerstall, auf eBay ein. Wunderbar. Allein die Tatsache, dass mir keine Handtuchstapel mehr entgegenfielen, wenn ich die Schranktür öffnete, war die Sache wert gewesen.

Es war so schön! Und dann habe ich also nix gekauft und fand es toll, Platz im Schrank zu haben. Und habe meine weiteren Pläne erst mal wieder vergessen.

Dann kam der Tag meines 50. Geburtstags. Da ich immer wieder den gleichen Fehler mache, nämlich an Gewinnspielen teilzunehmen, die einzig und allein das Ziel haben, dass die Veranstalter an meine Adresse gelangen, um die dann weiterzuverkaufen, habe ich zu meinem 50. Geburtstag viele schöne Geschenke bekommen, die ich mir gar nicht gewünscht hatte:

1. Haftcreme-Pröbchen für die Dritten (auch Totalprothese genannt, ein sehr schönes Wort übrigens)
2. Flyer für Essen auf Rädern
3. Flyer für Rollatoren und Treppenlifte
4. einen Gutschein über eine Stunde E-Bike-Fahren (Wobei ich das gut fand, es geht ja öfter mal steil nach oben beim Radfahren, und wer will schon verschwitzt im Landgasthof sein Jägerschnitzel essen?)
5. Prospekte für betreutes Wohnen (Sie waren wirklich

gut aufgemacht; Leistungen konnten wahlweise hinzugebucht werden.)

6. ein Probeabo von *Brigitte WIR*, dem Magazin für die dritte Lebenshälfte

Alles war schön und gut und nett gemeint, aber an meinem 50. Geburtstag wollte ich nicht auf mein Ende hingewiesen werden. Und ich konnte mir nicht vorstellen, dass es den Jubilarinnen, die sich mit einem ähnlichen Datum konfrontiert sahen, anders erging.

Die Krönung kam ein paar Tage später: Eine Drogerie feierte ein Jubiläum, die Kunden erhielten Geschenke. Ich freute mit auf Lipgloss oder Haaröl oder Badelatschen. Was drückt die Promoterin mir in die Hand? Eine Probierpackung Inkontinenzwindeln.

Nun.

Den Abend des Geburtstags jedenfalls verbrachte ich mit langjährigen Freundinnen in einer Bar, und wie das immer so ist, ging es irgendwann mit Erinnerungen los: »Weißt du noch, als du Klaus-Peter bei ›Wahrheit oder Pflicht‹ einen Zungenkuss geben musstest und deine Zunge sich in seiner Zahnspange verklemmt hat?« Und: »Wie hieß noch mal der Typ, in den du damals so verknallt warst, so ein Popper im Lacoste-Polo, der hatte so abstehende Ohren, wie hieß er nur?« – »Marcel, der hieß Marcel, der hat doch beim *Weißen Hai* vor Angst in die Hosen gepinkelt.« Wir lachten über die Vergangenheit und darüber, wie schlimm Jusch ihren 20. Geburtstag fand (»Bald bin ich tot! Mein Leben ist jetzt zu Ende, ich bin 20. Es wird nicht mehr lange dauern«) und wie ich an dem Tag, an dem ich 30 wurde, plötzlich ganz ernst wurde und nicht mehr lachte (»Ich muss jetzt mal erwachsen werden«). An diesem Abend lachten wir jedoch noch über

Billis Frust fast zehn Jahre später, als sie ihren 40. feierte (Billi ist eine begnadete Bäckerin und hatte uns alle nachmittags zu einem Riesen-Kaffeetrinken mit neun Torten oder so eingeladen) und sagte: »Für mich keinen Kuchen. Ich mache jetzt diese neue Diät, diesmal klappt es garantiert, ich weiß es.« Dabei hatte sie auf die große Portion Sauerkraut auf ihrem Teller gestarrt, während wir ihre selbst gemachte Sachertorte, den Frankfurter Kranz und einen New York Cheesecake mit herrlicher Himbeergarnitur verdrückten. Natürlich hatte Billi diese Sauerkrautdiät so wie auch alle anderen Diäten davor abgebrochen. Und heute, mit 52 ... richtig, isst sie einfach Kuchen.

So saßen wir also da, und irgendwann sagte eine von uns, ich weiß nicht mehr wer: »Ach Mensch, ist das herrlich, dass wir jetzt über so vieles lachen können. Fünfzig zu sein hat sicher Nachteile, aber auch viele Vorteile.«

Und das stimmt definitiv. Anstatt sich zum Beispiel über alles Mögliche zu ärgern, sollte man das alles Mögliche akzeptieren, und wenn man das nicht kann, wenigstens mal zenmäßig ein- und ausatmen. Dann klappt das schon. Finde ich.

Jetzt fange ich einfach mal damit an, über dieses alles Mögliche zu sinnieren: Vorbei sind die Zeiten, in denen ich mit allem gehadert habe, obwohl ich es sowieso nicht hatte ändern können. Und ich finde es absolut legitim, auch mal herzhaft über all das zu lachen, was ich komisch oder dämlich finde. Ich sage, was ich denke, und es ist mir völlig egal, dass andere das »unmöglich« finden oder sagen, dass sich »das nicht gehört«. So ein Quatsch. Ich tue nichts mehr, was ich nicht tun will, ich muss nichts schönreden, und ich muss nichts sagen, nur weil ich nett sein will. Diese antrainierte Höflichkeit mache ich nicht mehr mit. Und klar, ich halte mir auch mal die Ohren zu, weil ich gar nicht mehr alles hören will. Ich schließe auch mal die Augen, weil ich jemanden oder etwas nicht sehen oder mich nicht damit auseinandersetzen will.

Und warum? Ich bin jetzt über 50. Deshalb. 50 ist schon eine Hausnummer. Ich werde mich jetzt entspannt zurücklehnen und mit mir ins Reine kommen – und hin und wieder den Kopf schütteln oder die Augen verdrehen. Über dieses und jenes. Und ich will versuchen zu akzeptieren, dass sich manches an mir gar nicht ändern wird – und das ist auch gar nicht schlimm. Ich habe jetzt genügend Lebenserfahrung und Selbstvertrauen, um mit mir umzugehen, da müssen andere erst noch hinkommen.

Wann, wenn nicht jetzt?

Eben. Machen wir uns doch locker.

Dann dachte ich an das Papain und meinen schön sortierten Badezimmerschrank. Und die Idee kam wieder hoch.

Ich habe einfach angefangen.

Habe Grenzen gezogen, habe Stopp gesagt, ich habe mich von Dingen, Produkten und Menschen getrennt, ich habe die Energievampire verstoßen, erfülle nicht mehr die alteingesessenen Erwartungshaltungen, ich muss auch niemanden mehr einladen, wenn ich nicht will, und brauche auch keine Belehrungen darüber, dass man »das aber schon immer so gemacht hat«.

Deswegen gibt es diesen kleinen Leitfaden. Machen wir doch gemeinsam einen kleinen Spaziergang durchs Leben und stellen fest, dass wir über all das mittlerweile herzhaft lachen können. Wir machen uns keinen Druck mehr, wir sind gelassen geworden, müssen keinen Idealen mehr hinterherlaufen und legen uns nicht mehr krumm. Wir schauen uns Trends an, auf die wir verzichten können, und Situationen und Dinge, über die wir uns nicht mehr den Kopf zerbrechen müssen.

Das tun wir alles gemeinsam – das ist doch schöner als allein! Lachen wir doch zusammen drüber, lehnen wir uns zurück und genießen es, dass wir drüberstehen. Und dann sagen wir: »Genauso ist es! Älterwerden hat doch was Gutes!«

Wovon man sich mit 50 getrost trennen kann

Müssen wir immer für andere da sein? Nein.

Kaum hatte ich beschlossen, in meinem Leben grundlegende Dinge zu ändern, rief mich eine Bekannte an. Ich kenne sie schon recht lange, wir sehen uns aber nicht so häufig, dass ich sagen würde, sie sei eine gute Freundin. Diese Bekannte jedenfalls jammerte mir seit einem Vierteljahr die Ohren voll und rief öfter an als früher, weil ihr Freund sie verlassen hatte. Seitdem, so sagte sie, gehe in ihrem Leben alles schief, und sie finde auch keinen neuen Mann. Ich dachte in dem Moment: Was bei den unzähligen Online-Börsen mit Hunderttausenden Suchenden, in denen sie angemeldet ist, eigentlich unmöglich ist. Es war aber so, und ich war übrigens dankbar, dass sie sich bislang für keinen entschieden hatte. Alle Inserenten bis auf einen (er sah sympathisch aus und hatte normale Fotos geschickt, zog dann aber mit seiner Frau nach Detmold) waren eine Katastrophe. Ich weiß nicht mehr, wie viele Abende ich damit verbracht habe, mir die Anzeigen und Gesprächsverläufe durchzulesen, zu kommentieren, zu analysieren.

Da liest man dann »Mann von Welt«, »belesen« und »kulturell vielschichtig«, sehr oft ist es aber leider so, dass *Mann von Welt* nichts anderes heißt, als dass er weiß, wo ungefähr Mallorca liegt (»Da muss man von Frankfurt aus fliegen«), *belesen* bedeutet, er weiß, dass es Bücher gibt (er weiß aber nicht, was Rechtschreibung ist), und *kultu-*

rell vielschichtig kann auch schon mal so interpretiert werden, dass er Pornohefte *und* -filme besitzt und die *Buddenbrooks* für einen solchen Film hält (»Ach *Brooks*. Ich hatte Boobs verstanden.«). Die schreiben fast nur Dünnpfiff, und die denken auch noch, man glaubt das.

Das also musste ich mir antun. Anfangs und mit Rotwein war es ja noch ganz lustig, vor allem, wenn die Typen Fotos ihres Gemächts geschickt hatten. Aber selbst das wurde mit der Zeit langweilig, und zwar deshalb, weil zu 99 Prozent nichts Brauchbares darunter war. Bei manchem Penis hätte ich mir gewünscht, der jeweilige Besitzer hätte ein gefaktes Foto gewählt. Aber nein, viele Männer preisen ihr Geschlechtsteil an, als wären es die Kronjuwelen der Queen, und dann sitzt man da am Monitor, glotzt auf einen stark geäderten, gekrümmten, unrasierten Kaktus und liest: »Das ist es, mein bestes Stück, der Kamerad wird dir viel Freude bereiten.« Auf einem Foto war eine Sprechblase gemalt: »Hallo! Hast du Lust zu spielen?« Das also musste ich mir antun, weil ich ja so nett bin.

Dann gibt es natürlich weiterhin Männer, die sich auf Partnerbörsen wie Gott beschreiben und mit denen man sich aus welchen Gründen auch immer real trifft. (Verzweiflung, Langeweile oder schlicht: »Nein, das kann nicht sein, dass der so ist, wie ich denke. Vielleicht ist er ein smarter Typ. So wie Liam Neeson oder Cary Grant. Ich muss es herausfinden.«) Das wird dann meistens noch ein bisschen schlimmer als ein *sehr* gruseliger Albtraum. Ich war schon ein paarmal undercover am Nebentisch dabei, wenn sich meine Bekannte/Freundin mit einem Mann aus dem Internet getroffen hat. Es. Ist. Der. Horror. Hier meine Top Five der Sätze, die sie von sich gaben: 5. »Ach, du hast wirklich geglaubt, das bin ich auf dem Foto?« 4. »Clochard, bitte zahlen.« 3. »Äh, was willst du trinken ... äh, Apfelsaft ... Shaolin?« 2. »An deiner Stelle würde ich nur den Salat nehmen.« 1. »Also, die Rechnung teilen finde ich unwürdig. Zahl du doch bitte. Aber ich brauch den Bewirtungsbeleg.« Das hat wirklich einer gesagt.

Irgendwann bekam ich Kopfschmerzen, wenn sie mich wieder fragte, ob ich mit ihr Analysen erstellen könnte, und das sollte einem auch zu denken geben. Jedenfalls rief sie an, und natürlich musste ich mir wieder den ganzen Kram anhören.

Nein, anders gesagt: Sie *wollte*, dass ich das tue.

Ich wollte es aber nicht, was nicht nur mit dem Ziehen im Hinterkopf zu tun hatte. *Ich hatte keine Lust mehr, meine Zeit damit zu verschwenden, und ich wollte mir auch keine Fotos von verschrumpelten Penissen anschauen und auch nicht die ungelenk auf den Bildern dazu gekritzelten »Ausgefahren 22 cm!!!«.*

Und genau das habe ich ihr gesagt.

Sie war noch nicht mal sauer. Eher verwundert.

»Wie meinst du das?«

»Was gibt es denn daran nicht zu verstehen?«

»Aber du hast doch immer ...«

»Ja. Nur jetzt nicht mehr. Wir können gern über was anderes reden. Oder ins Kino gehen. Oder ein Eis essen.«

»...« Dann, nach einer Weile Schweigen: »Du bist aber komisch.«

Von mir aus war ich komisch.

Aber Grenzen setzen hat was.

Sie hat dann gar nicht mehr angerufen. Eine andere Bekannte muss sich jetzt Fotos und Anzeigen und Profile ansehen.

Sie erzählte mir, sie habe jetzt häufiger Kopfweh als früher.

Meine sind weg.

»Guck dir den mal an.« Von Trenddeppen, die man nicht mehr sehen mag

Ich bin eine Frau. Ich bin erwachsen. Ich hatte schon mehrere Beziehungen. Ich mag Männer. Am liebsten »kerlige« Männer, echte Typen. Breites Kreuz, gern graue Haare, keine dürren Ärmchen und Beine, schöne Unterarme. Unterarme sind wichtig. Also mir. Ich mag Unterarme, denen man ansieht, dass sie was stemmen können. Denn: Ein Mann, der keinen Reifen wechseln und keinen Nagel in die Wand schlagen kann, ist mir unheimlich. Ein Mann sollte einfach ein Mann sein und sich nicht zum Deppen machen. Das ist meine persönliche Meinung, aber ich bin mir hundertprozentig sicher, dass es sehr, sehr viele Frauen gibt, die solche Männer ebenfalls gut finden. Das liegt irgendwie in der Natur der Sache, auch wenn so viele so verzweifelt versuchen, die Emanzipation zu verteidigen wie eine Löwin ihr Neugeborenes, wobei ich die Emanzipation gar nicht schlechtreden will. Es ist gut, dass es sie gibt, aber alles mit Maß und Ziel – zumindest was Männer betrifft. Das müssen bitte Kerle sein.

Welche Frau in meinem Alter kennt nicht die Szene in *Vom Winde verweht*, in der Rhett Butler sich ganz einfach die zickige, wunderschöne Scarlett O'Hara schnappt und sie die breite Treppe hochträgt – direkt ins Schlafzimmer.

Bestimmt gibt's auch hier giftige Emanzipationsvertreterinnen, die das »unmöglich« finden, es einen Angriff auf die Stellung der Frau oder »fast schon gewalttätig« nennen, das ist mir aber egal. Ich liebe diese Szene, und ich finde, jede Frau sollte sie lieben, weil sie zeigt, dass dieser Mann da gerade diese Frau begehrt.

So will ich einen Mann sehen!

Und man muss als Mann auch nicht alles mitmachen. Doch wieso machen immer mehr Männer dämliche Trends mit? Es ist schon schlimm genug, dass viele Frauen das machen und mit ihren weißen Sonnenbrillen aussehen wie Puck die Stubenfliege oder sich die Haare grau färben. Von den Modenschauen der großen Designer mal ganz abgesehen, da falle ich regelmäßig vom Glauben ab. Wollen die einen mit diesen Klamotten eigentlich lächerlich machen? Wer trägt denn bitte schön karierte Pluderhosen und zerschnittene Oberteile mit Puffärmeln? Sind die alle irgendwie fremdgesteuert?

Also: Wieso hecheln auch Männer Trends hinterher, und das leider nicht erst seit gestern? Ich dachte, als dieser Trend mit den Trends aufkam: Das wird schon vergehen, aber es ging nicht weg. Und unter uns: Ich mag diese verkleideten Männer nicht mehr sehen.

Nehmen wir einfach mal die selbst ernannten Lumbersexuellen, auch Metrosexuelle genannt. Da sehnt man sich als Frau nach bodenständigen, echten Kerlen, und dann, wenn man sich bestimmte Männer anschaut, kommt man schwer ins Grübeln: Was denken die sich eigentlich dabei, sich ein kariertes Hemd und teure Bergsteigerstiefel mit Stahlkappen anzuziehen, sich einen Vollbart wachsen zu lassen und so ein bisschen wie Suizidgefährdete in französischen Schwarz-Weiß-Filmen auszuschauen? Soll eine Frau dann rufen: »O mein Gott, ein ganzer Kerl! Er kann Bäume fällen und mich vor einem aggressiven Bären beschützen! Dieser Mann ist meiner!« *Ich* rufe gar nichts, wenn ich Männer dieser Art erblicke (sie könnten sich erschrecken), aber ich denke: Warum macht der Typ sich so lächerlich? Ich selbst bin in einer Jägersfamilie aufgewachsen und habe schwitzende Männer Holz hacken sehen. Es wurden Hochsitze gebaut, man sägte sich Daumen halb ab, trieb Holzsplitter unter die Nägel und schrie vor Schmerz. Hirsche und Wildschweine wurden geschossen und vor Ort ausgenommen, und keiner der Männer, die ich jemals in Verbindung mit echter Wald- und Jagdarbeit beobachtet habe, kam daher wie diese überpflegten Vollbarthelden. Die Krönung letztens im Park: Zwei Lumbersexual-Männer trugen ihren Nachwuchs stolz in diesen Bauchtragegurten vor sich her und wichen in nagelneuen Wanderschuhen ängstlich hüpfend zwei Hunden in der Größe von Tennisbällen aus. Einer hatte den an einer Kette baumelnden Schnuller an seinen Vollbart mit einem Clip anbringen wollen, verhakte sich aber in den Haaren. Der andere Lumbersexual-Mann hatte versucht, den Schnuller samt Clip abzupfriemeln, während der mit dem Vollbart dauernd mit zittriger Stimme »Au, au, vorsichtig, au, du tust mir weh« und »Achtung, die Hunde, der eine sieht recht aggressiv aus« sagte. Im Vorbeigehen konnte ich einen Blick auf die perfekt manikürten Finger des einen erhaschen. Warum tun Männer so etwas? Was wollen sie damit zum Ausdruck bringen, wenn sie Schuhe mit Stahlkappen tragen und ihre Fingernägel von einer Kosmetikerin rund feilen lassen?

Klar, das ist der Trend. Gepflegte Holzhacker. Keine Zecken aus dem Vollbart holen und zerquetschen, aber eine Barthaarspülung. Ist klar.

Das ist nur ein Trend von vielen, der mich mit Kopfschütteln zurücklässt.

Klar, ich habe früher auch Trends mitgemacht: Mir die Haare mit Henna gefärbt. Chinaschläppchen getragen. Mich mit Patchuli eingesprüht, als gäbe es kein Morgen mehr. Wir waren Popper und Freaks, auch als Alternative bekannt, aber wir haben das nicht mit einer solchen Aggression durchgezogen.

Na klar, damals gab es noch kein Internet, kein Instagram, wo sie ja jetzt alle Fashionistas und Influencer sind und was weiß ich. Oder eben Lumbersexuelle. Sollen sie alles machen. Was mich nur nervt, das ist diese unterschwellige Aggression, die damit einhergeht. Schaut her, ich bin anders, ich bin toll. Wer nicht weiß, was ich meine, sollte sich Liegeradfahrer angucken. Böse und mit bitterer Miene und völlig unentspannt rasen sie umher; man muss um sein Leben fürchten, wenn man so einem begegnet.

Das Problem an vielen Trends ist, dass sie nicht als Trends, sondern als ganz, ganz wichtige Lebenseinstellung betrachtet werden. Wer die nicht akzeptiert, ist spießig und dumm.

Kann man das nicht sein lassen, dieses »Ich bin anders als ihr und dadurch besser«-Getue, denn nicht mal ansatzweise wirkt es echt. *Das* ist meiner Meinung nach total spießig. Spießiger als meine Oma, die in ihrer Küchenschürze Grießbrei kochte. Die hat zu ihren grauen Haaren, ihrem Haarteil, ihren Gesundheitsschuhen und eben der Kittelschürze gestanden. Sie war authentisch.

Dinge, die wir nicht mehr hören wollen!

»Ich bin einfach ein klasse Typ.«

Bestimmt. Klar. Ganz sicher.

Was hier folgt, ist eine Bedienungsanleitung für all die armen Frauen, die sich mit solchen Spaßvögeln bei einem Date herumschlagen mussten. Fangen wir bei mir selbst an: Ich habe mich – als das Internet aufkam – mit Männern getroffen, die ich Online kennenlernte. Damals gab es außer Foren bei CompuServe noch den AOL-Live-Chat, und manch einer, bei dem das digitale Zeitalter auch mit einem Modem begann, wird sich daran erinnern, dass man einzig mit ihm ins Netz kam. Jedenfalls gab es diesen AOL-Chat, und das Ganze war für alle etwas absolut Neues, ähnlich wie einst das Fax. Ich weiß noch, dass ich es kaum glauben konnte: Man schob in Frankfurt ein Blatt Papier in ein Gerät, und kurz danach ratterte es in München aus einem anderen wieder heraus. Hammer.

Zurück zu AOL. Da gab es viele Gruppen, und wer jemanden kennenlernen wollte, ging eben in Gruppen, in denen es darum ging, dass man jemanden kennenlernte. Ich war damals Single und in solch einer Gruppe. Wie das so ist, man kommt ins Gespräch, tippt hin und her, telefoniert dann, und wenn es einigermaßen gut läuft, trifft man sich irgendwo. Das habe ich auch zweimal gemacht. Keine Ahnung, warum es so ist, vielleicht hatte ich einfach nur Pech gehabt, aber ich wurde mit diesen Treffen nicht wirklich glücklich.

Der Erste, mit dem ich mich traf, hieß Jan und hatte im Chat behauptet, eins achtzig groß und Texter in einer Werbeagentur zu sein. Das Foto, das er vorher von sich geschickt hatte, zeigte einen gepflegten Mann mit blondem Haar, der freundlich in die Kamera blickte. In dem Café, in dem wir uns trafen, saß dann an einem Tisch ein Typ in einer speckigen Cordhose und einem karierten, älteren Polyesterhemd, das seine besten Tage definitiv hinter sich hatte. Er hatte ein Bier vor sich und grinste dümmlich, als er mich sah, und ich schwöre, ich sah gut aus an diesem Tag.

Das Treffen dauerte eine Stunde, in der er einzig erklärte, was er von einer Partnerin erwarte. Und er erwartete viel, denn seine Mutter hatte das so und so gemacht, und die kam auch heute noch, um bei ihm sauber zu machen, wenn ihr schlimmes Bein dies zuließ. Nein, natürlich sei er kein Texter, was das überhaupt sei, aber er könne ja schlecht angeben, dass er Krankenpfleger sei. Warum bitte kann man das nicht offen sagen? Nun gut. Sexuell gesehen war er auch sehr, sehr anspruchsvoll, der Jan. Er sei da der eher klassische Typ und lasse sich gern nach allen Regeln der Kunst von einer Frau verwöhnen. Dazu sei eine Frau schließlich auch da, nicht wahr? Seine Mutter sei nun bald in dem Alter, dass man sich um sie kümmern müsse, und er überlege, sie zu sich zu holen. Fremde Länder seien nichts für ihn, er mache gern Ferien auf Balkonien, und wenn er doch mal verreisen würde, dann in das eine Hotel auf Mallorca, wo schon seine Eltern hingefahren sind. Da sprechen alle Deutsch, das sei wichtig. Jede Aussage war ein Treffer. Nach dieser Begegnung jedenfalls ging ich geläutert nach Hause und habe Jan niemals wiedergesehen.

Das zweite Treffen mit einem Holger verlief anders, aber nicht minder merkwürdig. Holger hatte schreckliche Angst davor, vergiftet zu werden. Hinter allem und jedem vermutete er einen Vergiftungsversuch. Es war ein wenig schwierig, sich mit ihm irgendwo zu treffen. Er aß nur Selbstgekochtes. Alles andere konnte vergiftet sein. Die ganze Zeit sprach er davon, dass man ihm nach seinem Leben trachten würde, und wollte ein polizeiliches Führungszeugnis von mir sehen. Ich sagte, ich hole eins, und bin dann nie mehr zurückgegangen. Dann fingen Freundinnen an, sich mit Männern zu treffen (ich erwähnte es bereits), und mit den Jahren ist da einiges an Erfahrung zusammengekommen. Was zeigen uns diese? Männer haben ein überbordendes Selbstbewusstsein, wenn es um sie selbst geht. Sie finden sich toll, auch wenn sie ungeduscht herumhocken und mit dreckigen Fingernägeln in ihren Zähnen rumpulen.

Was kann man Frauen raten, die sich mit solchen Männern verabreden beziehungsweise merken, dass sie an Schwachköpfe geraten sind (und das passiert leider recht oft)? Ganz einfach: gehen! Aufstehen und gehen. Leider habe ich das erst bei meinem zweiten Date gemacht. Wer das schon mal getan hat, weiß, wovon ich spreche. Es war damals mein erstes Mal. Meine Güte, war das herrlich. Nichts sagen. Nur den Ort verlassen. Vielleicht noch einmal umdrehen und in ein blödes Gesicht gucken. Ein Traum.

Und wann soll man gehen? Es gibt dafür nicht nur einen Grund, genau genommen sind es drei: 1. Wer bei einer Verabredung seinem Gegenüber nicht ins Gesicht schaut, wenn man sich vorstellt, kann nicht weiter punkten. 2. Wer in kein Deo investiert und selbiges nicht benutzt, verdient keine zweite Chance. 3. Das Date sollte nie einen Satz sagen wie: »Ein echter Mann muss wie ein Iltis riechen.«

Meine Freundin Ina war mehrere Monate lang so verrückt und traf sich mit mehreren dieser Netz-Männer. Am Anfang trieb sie wirklich noch das Interesse an einer Partnerschaft dazu, dann aber veränderte sich ihre Motivation: Sie tat es, um mich und andere später anrufen und alles haarklein erzählen zu können. Eigentlich ist es bewundernswert, wie wahnsinnig selbstverliebt die meisten Männer doch sind. Wir fragten uns, wieso sie sich überhaupt mit Frauen trafen – denn nur selten hatte Ina das Glück, dass sich einer auch mal für sie interessierte.

Einer der Männer, der ein derartiges Interesse an den Tag legte, hieß Michael. Sie trafen sich in einem Bistro und saßen an einem dieser viel zu kleinen runden Tische, die ständig wackeln. Michael machte Ina Komplimente, aber merkwürdige. So sagte er: »Du siehst kräftig aus.« Oder: »Bestimmt kannst du schwer heben.« Und: »Du brauchst sicher wenig Schlaf.« Dann fragte er, ob sie viel Wert auf soziale Kontakte lege und gern ausgehen würde und ob Freizeit für sie wichtig wäre.

An diesem Punkt der Erzählung dachte ich, dieser Michael sei ein Irrer, der Ina in seinem Keller gefangen halten wolle. Ganz so schlimm war es dann doch nicht. Er suchte lediglich eine Frau, die sich um seine bettlägerige Ehefrau kümmern sollte, während er, Michael, mal wieder leben wolle. Das sei ja wohl nur recht und billig.

Bei dem zweiten Treffen, bei dem ein Mann sich für Ina interessierte, fand das Date in einem wirklich schönen Restaurant statt, und Bernd, ein sehr attraktiver Mann (sogar das Foto stimmte), begann meine Freundin auszufragen. Ob sie gern bekocht werden würde, ob sie sich vorstellen könne, mit ihm mal vier Wochen nach Mauritius zu fahren, ob sie mit ihm auch Partys besuchen würde. Ina war hocherfreut, was ich an ihrer Stelle auch gewesen wäre. Leider passte das Drumherum nicht so ganz.

Bernd wollte als Nackter leben. Also alles nackt machen. Jetzt nicht nur FKK, sondern er wollte überhaupt gar nichts anziehen. Er trug auch nichts unter seinem Mantel, den er während des Treffens anhatte. Immerhin zog er ihn nicht aus. Es würde ihn sehr glücklich machen, gab er Ina zu verstehen, nackt mit ihr zu leben. Ina hätte das nicht so glücklich gemacht. Sie erklärte, sie hätte zwar nichts gegen nackte Männer, aber dass jemand ständig nackt sein wolle, das würde im Alltag nicht funktionieren. Doch, doch, meinte Bernd. Er sei Freiberufler und arbeite von zu Hause aus. Er habe auch Freunde, die diesen Nackt-Fetisch teilten, die würde er dann einladen. Und natürlich mit Ina auch mal auf Partys gehen.

Es ist eine Tatsache, dass es ab einem bestimmten Alter recht schwierig wird, einen Mann zu finden, der wirklich zu einem passt. Das liegt meiner Meinung nach an diversen Dingen: Ist man jung, hat man noch wenig Lebenserfahrung und ist entsprechend nicht wählerisch – wie auch? Man weiß ja nicht, was richtig ist. Man kriegt höchstens was von seinen Eltern vorgelebt, und das ist nun keineswegs immer das Gelbe vom Ei. Mit den Jahren wird man anspruchsvoller und lebt sein eigenes Leben. Die Männer ebenfalls. Viele haben eine Geschichte: gescheiterte Ehen, Kinder, Schulden, Krankheit. Und dann nochmal von vorn anfangen? Das ist leichter gesagt als getan.

Wir Frauen sollten, wenn möglich, lieber so gestrickt sein, dass wir besser verzichten, als uns mit Mittelmäßigem zufriedenzugeben. Ich kenne viele Frauen, die allein leben und das gern tun. Nicht jeder braucht eine Partnerschaft. Und keineswegs sollten wir uns noch länger das Gesülze von selbstverliebten Gockeln anhören. Wir wissen, was wir können, und wir wissen, was wir wert sind.

Wenn einer nur von sich labert, dann kann er das tun, aber erst, nachdem wir gegangen sind. Ist doch so. Wir sind über 50 und haben keine Zeit und keine Geduld mehr für solche Mannsbilder. Lieber ohne gut als mit doof leben, sag ich immer. Glücklicherweise sind die meisten von uns in der kommoden Situation, für sich selbst sorgen zu können. Früher war das noch eine andere Hausnummer.

Der Richtige kommt sowieso dann, wenn er kommen soll. Ich denke, wer sucht, der findet vielleicht, aber nicht auf Krampf den Richtigen.

Vergiss sie – Zwangsfreundschaften

Ich weiß es noch wie heute: »Der Markus und der Philipp, die spielen so schön miteinander, das ist richtig klasse.« Das hatte die Mutter von Markus gesagt, als wir 1994 vor dem Sandkasten im Kindergarten standen. Melli hieß sie, war etwas jünger als ich und ging in ihrem Job als Vollzeitmutter völlig auf. Bei ihr drehte sich alles um die Kinder. Sie hatte vier davon. »Der Philipp kann doch auch mal zu uns zum Spielen kommen.« Mit diesem Satz hatte es angefangen. Philipp, unser Sohn, war dann beim Markus, und Markus dann bei uns. Und irgendwann, es musste darauf hinauslaufen, fragte Melli, ob wir denn nicht am Samstag zum Grillen kommen wollten, die Kinder würden sich ja so toll verstehen.

Mein Mann fragte: »Was sind das denn für Leute?«

»Keine Ahnung«, antwortete ich. »Aber es ist nett, dass sie uns einladen.«

»Also, ich bin nicht gern bei Leuten eingeladen, die ich gar nicht kenne«, widersprach mein Mann.

»Es wäre aber unhöflich, abzusagen.«

»Du hast etwa schon zugesagt?«

»Na klar. Die Kinder spielen doch so gern zusammen.«

Da war er, der Fehler, den ich heute nicht mehr machen würde: Wo bitte steht geschrieben, dass man einen Samstagabend mit fremden Leuten verbringen muss, bloß weil die Kinder toll zusammen spielen? Natürlich kann es gut laufen und lustig sein, es kann aber auch total in die Hose gehen.

Der Samstag kam, und wir fuhren mit Philipp und Salaten und Mitbringsel zu Melli und ihrem Mann Torben, einem Finanzbeamten und Hobbyangler, wie sich herausstellte. Er war so öde wie ein grauer Strumpf.

Die beiden anderen eingeladenen Paare waren genauso langweilig, und so begann ein langweiliger Abend. Ich hätte liebend gern einen Hausbrand oder eine Sturzgeburt vorgetäuscht, um schon bald wieder gehen zu können, aber damals war ich leider noch zu höflich. Und so verbrachten wir mehrere Stunden mit Melli und Torben und den anderen Leuten. Sehr oft entstanden Gesprächspausen, also solche von diesen unangenehmen, in denen man sich gern mal um Kopf und Kragen redet, nur um irgendwas zu sagen, nur damit diese Stille endlich aufhört.

Torben erzählte die langweiligsten Geschichten so, als käme jetzt die Hammerstory: »Das war ein Wahnsinn damals, als wir beim Nachtangeln waren. Da war die Sache mit diesem riesigen Hecht ... das glaubt ihr nicht ...« Kunstpause. Jemand: »Was denn?« Torben: »Der hat so gezappelt und wollte unbedingt wieder ins Wasser. Ein Wahnsinn war das.«

Melli erzählte beim Steak in aller Ausführlichkeit, wie

ihr bei der dritten Schwangerschaft im Supermarkt die Fruchtblase geplatzt sei, und beim Dessert (Erdbeercreme mit Erdbeeren aus dem eigenen Garten), dass die Nachgeburten aller Kinder von Torben im Garten vergraben worden wären. Dann hätten sie Erdbeerpflanzen draufgesetzt, die wären superschnell gewachsen, weil die Plazenta doch so irre viele Nährstoffe hätte. Ich hätte fast auf den Tisch gekotzt.

»Ein Wahnsinn«, sagte Torben, dann sagten alle längere Zeit wieder nichts, und dann sagte einer von den anderen Gästen: »Toll, dass es abends so lange warm ist.« Alle lachten und sagten: »Ja.«

Eine der Frauen meinte nach einer Weile: »Der Sommer hat sich aber auch Zeit gelassen.«

»Ja.«

»...«

»Der Winter war ja lang genug.«

»Ja.«

»...«

»Angenehm ist das.«

»Ja.«

Ein Wahnsinn.

Das Schlimme daran war aber: Anstatt nie wieder zu Melli und Torben zu gehen und den Kontakt aufs Notwendigste zu beschränken, war ich so höflich, eine Gegeneinladung auszusprechen. Und so ging das hin und her; ich weiß heute nicht mehr, wieso ich das gemacht habe. Würde mir nicht mehr passieren. Es gab nichts, aber auch rein gar nichts, was wir mit Melli und Torben gemeinsam hatten.

Ich bin mir sicher, dass ich nicht die Einzige war, die solche Freundschaften pflegte. Wie ein roter Faden zog sich das durch mein Leben. Weil ich zu höflich war, habe ich – zusammengerechnet – Monate mit Menschen verbracht, die ich normalerweise nicht in meine Nähe gelassen hätte.

Mit den Eltern von Spielgefährten meines Sohnes.

Oder mit Nachbarn. Ich erinnere mich an die Storchs, die über uns gewohnt haben und mir per se ein schlechtes Gewissen gemacht haben, weil sie alt waren (über 80) und schlecht die Treppen hochkamen. Frau Storch lud mich dauernd zum Kaffee ein, und ich habe Stunden bei diesem Ehepaar verbracht, das in ihrer Wohnung nie ein Fenster öffnete, aber Kette rauchte und dauernd darüber lamentierte, wie schlecht die Welt sei und dass früher alles besser war, auch Hitler. Ich kaufte trotz Hitler für Storchs ein, doch nie waren sie mit dem, was ich brachte, zufrieden (»Ich hätte mir nicht solche Salami andrehen lassen«). Gern vergaßen sie zu bezahlen. Sie verhielten sich, als wären sie gern altersversorgt (habe ich so genannt), also nach dem Muster: »Ich bin über 80, um mich muss man sich kümmern, ohne etwas dafür zu verlangen.«

Von solchen Menschen habe ich mich getrennt. Das habe ich gelernt. Ab 50 will ich nicht mehr mit jemandem Zeit verbringen, wenn ich es nicht möchte. Man muss den Leuten das ja nicht unbedingt so direkt sagen, aber man kann sich mit Einladungen zurückhalten, man kann sich zurückziehen, und irgendwann werden sie es schon merken.

Meine Zeit ist zu kostbar. Ich möchte sie mit Menschen verbringen, die ich mag.

Das mach ich so, weil …
Nein, nicht mehr mit mir

Wie herrlich ist das denn! Auf einmal brauche ich keine Rechtfertigungen mehr. Ich sage nur: Weg mit ihnen!

Situation	»Du hast fast die ganze Tüte mit den Gummibärchen aufgegessen.«
Früher	Das habe ich nur gemacht, weil ich irgendwie unterzuckert war.
Heute	Ja. Und gleich nicht nur fast.

Situation	»Wir geben alle je dreißig Euro für Ankes Geburtstag. Marie hat gesagt, dir ist das zu viel.«
Früher	Ja, das ist, weil ich momentan für so viele Geburtstage was gebe, und das läppert sich schon irgendwie zusammen und …
Heute	Ja, das ist mir auch zu viel.

Situation	»Warum warst du denn schon dreimal nicht mehr im Literaturkreis?«
Früher	Immer ging etwas anderes vor. Dabei ist es echt spannend in diesem Kreis. Ich muss versuchen, alles besser zu organisieren, damit ich nächsten Monat unbedingt wieder dabei sein kann.
Heute	Weil ich dir schon dreimal gesagt habe, dass mich die Bücher, um die es bei euch geht, nicht interessieren. Und dein selbstgefälliges Geschwafel über die Bücher kann ich auch nicht mehr hören.

Situation	Schwiegermutter: »Ihr habt ja sehr lange nicht mehr angerufen.«
Früher	Ja, entschuldige bitte, das kommt daher, weil …
Heute	Stimmt. Du kannst ja auch anrufen.
Situation	»Du stickst? Wie spießig ist das denn?«
Früher	Äh, hm, ich komm dabei auf andere Gedanken. Ich weiß, das ist voll altertümlich, hm …
Heute	Ja, ich sticke. Und das geht dich überhaupt nichts an.

Es kann so wunderbar unkompliziert sein, man muss nur den Mut haben, zu sich selbst zu stehen.

Worüber man mit 50 einfach lachen kann

Hast du das schon gelesen?
Innerhalb kürzester Zeit ist das alles weg (klar)

Als bekennende *Gala*- und *Bunte*-Leserin weiß ich, dass man nicht alles glauben sollte, was man liest. Trotzdem lese ich diese Zeitschriften seit zig Jahren, auch wenn mir klar ist, dass Máxima, Königin der Niederlande, natürlich nicht immer lächelt und beim Netflix-Gucken keine Krone trägt. Ich weiß auch, dass es bestimmt unwahr ist, dass Caroline von Hannover beziehungsweise von Monaco so schrecklich unter der Trennung von Ernst August leidet, stattdessen ahne ich, dass es ihr schnurzegal ist, mit wem ihr Noch-Ehemann in Kenia herumgurkt und mit wem er in die Kiste hüpft.

Ich lese diese und andere Magazine aber mittlerweile fast kaum noch, weil ich das Gefühl habe, sehr oft an der Nase herumgeführt zu werden wie auf Facebook mit dem blöden Papain. In diesen Magazinen stehen nämlich sehr viele Anzeigen für Cremes aller Art, insbesondere für Antifaltencremes. Irgendwann, ich glaube, wir hatten zum dritten Mal den 49. Geburtstag einer Bekannten gefeiert, weil sie unter gar keinen Umständen 50 werden wollte, ging es natürlich auch ums Älterwerden. Jemand holte die *Gala* oder die *Bunte* hervor, und wir sahen uns diese Anzeigen an. Und jede von uns hatte zum Thema Antifaltencreme und oder zum Thema Falten überhaupt etwas zu sagen. Das Ergebnis ist interessant:

1. Keine fand, dass Falten zu einem gehören und vom gelebten Leben erzählen. Alle würden gern auf die Falten verzichten. Soll heißen, sie wollten diesen Quatsch, der in den Anzeigen behauptet wird, auch nicht mehr lesen.
2. Keine fand, dass eine Faltencreme jemals geholfen hat, wenn schon Falten vorhanden waren.
3. Viele sahen Falten keinesfalls als allgemeine Bereicherung an, sondern schlicht als Beweis dafür, dass man älter wird – und dass die Cremes gar nicht wirken.
4. Keine fand das Wort »Anti-Absackung« gut (so wurde eine Creme beworben). Und wer »sehr reife, gräuliche Haut« hat, möchte das in keiner Produktbeschreibung lesen. (An dieser Stelle frage ich: Wer kommt denn auf solche Marketingideen?)
5. Alle fragten sich, wieso man am Rücken eigentlich keine Falten kriegt, obwohl man da mit der Lotion nie hinkommt.
6. Die Frage »Ist das vielleicht alles Humbug?« tauchte auf.
7. Fast allen, die den Film *Das Schweigen der Lämmer* gesehen hatten, war der Satz des Transvestiten Jame Gumb, besser bekannt als Serienkiller »Buffalo Bill«, in Erinnerung geblieben: »Es reibt sich mit der Lotion ein.« Da sieht man mal, was diese ständigen Werbebotschaften mit uns Frauen machen: Wir erinnern uns in einem Psychoschocker an einen Aufruf zur Hautpflege.

8. Seitdem sie die 50 erreicht hatten und nach wie vor in den Spiegel guckten, glaubte keine mehr die ge-photoshopte Wahrheit.

9. Alle wussten: Die Falten (und damit das Alter) kön-nen höchstens im Anfangsstadium ihres Entstehens ein klein wenig eingedämmt werden, indem man sich ab dem zwölften Lebensjahr mit einer Lotion einreibt (wer aber macht das schon?). Ansonsten ist es, wie's ist: An beidem kommt man nicht vorbei, also an den Falten und am Alter.

10. »Ich trinke viel Wasser für eine pralle Haut« und »Ich habe gute Gene«, diese Botschaften lassen mich per-sönlich aus der Haut fahren, soll heißen, Buffalo Bill hätte seine helle Freude an mir gehabt. (Dazu komme ich später noch, also nicht zu Buffalo Bill, sondern zu den bekloppten Genen und dem Wasser.)

Die Kosmetikindustrie, so sagte mir mal jemand, der dort gearbeitet hat, agiert mit mafiösen Strukturen. Das meis-te, was sie an Tiegeln mit altersvermindernden Cremes produzieren, mitsamt Fotos von strahlenden Frauen da-rauf, bei denen »innerhalb kürzester Zeit« eine Faltenre-duktion festgestellt wurde, ist Teil einer großen Lüge. Die Versprechungen sind ähnlich ernst zu nehmen wie die »Vertrauten«, die die Klatschmagazine zitieren und die berichten, Kronprinzessin Mette-Marit von Norwegen habe einen Liebhaber und Spaniens Königin Letizia wür-de ihre Schwiegermutter schlagen. Der »Vertraute« will natürlich nie genannt werden, und genauso kennt nie-mand jemanden, der jemanden kennt, der schon mal bei einer Faltenreduktionsaktion mitgemacht und nach kür-zester Zeit (wie definiert man eigentlich »kürzeste Zeit«?) quasi ein Wunder erlebt hat.

Nun möchte ich an dieser Stelle eben nicht milde lächelnd sagen: »Akzeptiere deine Falten, sie erzählen von deinem Leben«, obwohl das mit Sicherheit stimmt. Sind wir 80 und nicht geliftet und gebotoxt, akzeptieren wir die Falten gern, weil wir froh sind, noch am Leben zu sein.

Aber wir sollten sie akzeptieren, weil sie da sind und nicht mehr weggehen. *Weil es einfach so ist.*

Cremes sind schön und gut, und ich kaufe auch welche, aber nicht, weil ich irgendwelche Hoffnungen damit verknüpfe, sondern weil sie gut riechen und angenehm auf der Haut sind.

Meine Oma, eine für ihr Alter recht minderbefaltete Dame, hatte immer gesagt, nach ihrem Geheimnis befragt: »Wasser und frische Luft und im Winter Fett auf die Haut.« Ob's stimmt, weiß ich nicht, sie hat es jedenfalls so gehandhabt. Und sie hatte stets eine gesunde Hautfarbe, und eine gesunde Haut noch dazu. Ob das mit der gesunden Haut damit zusammenhängt, dass nie auch nur ein Talkteilchen Puder oder Make-up in ihrem Gesicht zu finden war, das vermag ich nicht zu sagen. Es hat aber eine gewisse Logik, wenn man davon ausgeht, dass die Haut nicht dafür gemacht ist, sie mit allem erdenklichen Kram vollzuschmieren. Aber ich bin keine Dermatologin. Ist nur meine Meinung.

Ich werde meine Zeit jedenfalls nicht mehr damit verschwenden, mir was vom Gipskrieg erzählen zu lassen, weil mein gesunder Menschenverstand mir sagt, dass das, was in diesen Produkten steckt, sowieso zum größten Teil aus Wasser besteht.

Ich weiß, dass zum Älterwerden Falten gehören, und mir geht es besser, wenn ich gar nicht weiter darüber nachdenke.

Eigentlich blöd, dass ich erst 50 werden musste, um damit mal abzuschließen.

Mein Fazit: Entspannt euch, liebe Damen. Sich zu viel den Kopf zu zerbrechen macht nur Falten. Eben.

»Schau nur, wie schlecht's mir geht!«

Kommen wir nun zu einer Spezies Mensch, die ich mit dem Teppichklopfer zur Vernunft bringen möchte: zu den Wohlstandsfrauen aus den Vororten, die die Fernsehserie *Vorstadtweiber* so treffend charakterisierte. Eins ist immer gleich an diesen Frauen: Sie sind nie mit etwas zufrieden und haben stets wahnsinnig viel zu tun. De-fi-ni-tiv will ich die Wohlstandsfrauen mit den ach so schlimmen Problemen nicht mehr sehen, genau die, die so tun, als müssten sie in Nowosibirsk den ganzen Tag lang Steine kloppen, nur weil die Putzfrau krank ist. Kann die mal bitte einer schütteln und in eine Teppichknüpffabrik nach Indien verfrachten?

Diese Frauen sind dünn, immer wie aus dem Ei gepellt, und es platzt kein Nagellack von ihren Nägeln ab. Sie fahren SUVs und beherrschen Multitasking, weil sie damit zwei Parkplätze belegen. Tragen Armani, wissen aber nicht, wo Rom liegt. Denken, weil sie zwei Kinder bekommen haben, sind sie die Königinnen. Und viele können leider nicht über den Tellerrand hinausgucken. So habe ich mal mitbekommen, wie eine von ihnen in einem Parfümerieladen sagte: »Haben Sie den neuen Duft von Jott null null pe?«

Ganz ehrlich: Was habe ich mich früher über diese Weiber aufgeregt! Über die blond gesträhnten Frauen in ihren UGG-Boots und Barbour-Jacken, das Perlenkettchen über der hellblau-weiß gestreiften Bluse, in der einen Hand einen Coffee to go, in der anderen das iPhone, gerunzelte Stirn und immer diesen »Ich bin total im Stress«-Gesichtsausdruck. Ich fragte mich: Warum? Ich fragte mich das, weil ich einige dieser Frauen kennengelernt und nie verstanden habe, wieso die so jammern. Die wohnen in riesigen Wohnungen oder Stadthäusern am Kanal, haben Au-pair, Haushälterin und ein Auto vor der Tür stehen, damit der Nachwuchs zum Ballett oder Hockey kutschiert werden kann. Arbeiten müssen sie nicht, denn die Männer verdienen mehr als genug. Sie können sich alles kaufen, müssen nicht auf jeden Cent achten, fahren in den Urlaub, tragen teure Klamotten und eine Uhr von Cartier. Und tun so, als sei das Leben eine Aneinanderreihung von grausamen Ereignissen, die mit Folter gleichzustellen sind.

Nie hatte ich das nachvollziehen können – die hatten alles und waren trotzdem unzufrieden. Alles kreiselte um sie, dennoch hatten sie schlechte Laune. Auch auf dem Wochenmarkt, und der ist in Hamburg-Eppendorf wirklich schön. So trug es sich zu, dass ich unter anderem folgendes Gespräch belauschte. An einem Freitag an einem Blumenstand:

Gestresste Frau 1 zu gestresster Frau 2, die in der Schlange steht, um Tulpen zu erstehen: »Hallo Anne, wie geht's dir?«

Frau 2 (verdreht die Augen): »Frag nicht. Die Putzfrau ist krank.«

Frau 1 (schlägt die Hand vor den Mund): »O mein Gott, das heißt … o mein Gott …«

Frau 2 nickt: »Ja, das heißt es. Weißt du, wie lange das Putzen bei der großen Wohnung dauert?«

Frau 1 nickt ihrerseits, verständnisvoll: »Das ist für eine Putzfrau allein wirklich viel. Aber sei froh, dass nicht beide krank sind.«

Frau 2 (entsetzt): »Hör auf, hör auf!«

Ich dachte, ich höre nicht richtig.

Aber so sind sie, die Perlen-Paulas. Und sie sind, ich wiederhole es, alle dünn. Das Entsetzliche war lange Zeit, dass ich mich ihnen unterlegen gefühlt habe, weil ich eben nicht dünn war und bin. Ich dachte wirklich, ich bin weniger wert als sie, weil ich keine Kleidergröße 34 trug. Die Pullover, die sie anhatten, hätte ich als Handschuh tragen können. Ich hatte auch keine Putzfrau, und wir hatten auch keinen SUV. Ich fühlte mich minderbemittelt, weil all das, was die Perlen-Paula/die Elblette/das Taunustörtchen (je nach Stadt oder Landkreis) darstellte und von sich gab, für mich unerreichbar war. Ich war immer anders. Und bin das auch heute noch:

Perlen-Paula	Für mich den kleinen Salat ohne Dressing.
Ich	Ich nehme das Rahmschnitzel mit Bratkartoffeln. Danke.

Perlen-Paula	Gestern beim Pilates habe ich Julia getroffen. Danach sind wir spontan noch um die Alster gewalkt.
Ich	Gestern auf dem Sofa habe ich zwei Folgen *Fackeln im Sturm* geschaut. Danach habe ich mir geschmeidig noch die vierte Staffel *Suits* reingezogen. Ohne Chips! Es waren nur noch Erdnussflips im Haus.

Perlen-Paula	Ich warte jetzt schon drei Monate auf die neue Prada-Tasche.
Ich	Ich habe gegoogelt, was die kosten. Schönen Dank auch.
Perlen-Paula	Ich gehe jetzt regelmäßig zum Brazilian Waxing.
Ich	Ich nicht. Wenn ich möchte, dass Fremde in meiner Intimzone herumfingern, mache ich Blind-Date-Sex auf Parkplätzen.
Perlen-Paula	Hat Deborah dich auch zu der Vernissage in den Deichtorhallen eingeladen?
Ich	Nein. Ich werde schon lange nicht mehr irgendwohin eingeladen, weil ich am liebsten auf dem Sofa liege und das auch jedem erzähle.
Perlen-Paula	Ob mir wohl Feather Brows stehen?
Ich	Was?
Perlen-Paula	Oh, ein Nagellack in Greige, wie schön!
Ich	Was?

Noch dämlicher ist die Tatsache, dass ich mich auch vor nicht ganz so hellen Perlen-Paulas kleingemacht habe. Und das verzeihe ich mir nicht. Man muss nur die Ohren aufsperren. Hier einige Highlights dummer Perlen-Paula-Sprüche:

1. »Der Remigio Poletto hat ja auch vor längerer Zeit ein Restaurant aufgemacht. Das ist ja von der Cornelia

Poletto total nett, dass sie ihm nach der Scheidung erlaubt hat, ihren Namen weiterzuführen.«

2. Am Bankschalter: »Da wurden Geldbeträge in Spanien abgebucht. Wie ist denn das möglich?« – »Waren Sie denn in Spanien?« – »Natürlich nicht.« – »Wo waren Sie denn am 21. September?« – »Auf Ibiza. Aber doch nicht in Spanien.«

3. »Ich finde mich überdurchschnittlich integent.«

4. An der Fleischtheke eines Supermarkts: »Ich bin eigentlich Vegetarierin, aber an Silvester wollen wir mal Huhn essen. Haben Sie Huhn?« Metzger: »Hier. Da haben wir beispielsweise Hähnchenbrustfilet.« Deutet auf das Filet. Sie: »Das ist Huhn?« Metzger: »Ja.« Sie: »Aber das hat ja gar keine Federn.«

Irgendwann hat es glücklicherweise bei mir klick gemacht. Ich glaube, das hat auch was mit dem Älterwerden zu tun, man sieht die Dinge einfach gelassener. Ich werde nie eine dünne Size-Zero-Frau werden, das weiß ich mittlerweile. Ich bin in vielerlei Hinsicht disziplinlos, habe kein Durchhaltevermögen, dafür graue Haare, und ich kann bis heute das Wort »Thriller« nicht richtig aussprechen und sage »Muschäl« statt »Muschel«.

Aber ich verdiene mein eigenes Geld und kann mich selbst versorgen.

Und bin Gott dankbar, dass ich mich nicht so anstrengen muss wie diese ganzen Frauen, die eines vergessen haben, als sie sich den Drang nach Perfektion auf ihre Fahnen schrieben: mal ein bisschen Lebensfreude an sich heranzulassen. Dann bräuchten sie auch keine teuren Anti-Aging-Cremes mehr, die ja eh nix nützen.

Vorbei sind die Zeiten, in denen ich dachte, nur Dünnsein macht glücklich. Natürlich kann Dünnsein glücklich machen, aber ich esse gern gut und zu viel, ich trinke gern gut und oft auch zu viel, ich habe mir eingeredet, dass Sport toll ist und bin irgendwann mit einem Meniskusriss nach Hause gehumpelt und musste operiert werden. (Ich gebe zu, das war das einzige Mal, dass ich Sport gut fand, als ich sagen konnte: »Ich habe eine Sportverletzung.« Das klang so nach Leistungssport.)

Ich habe mir diese Frauen angeschaut und wollte so sein wie sie, aber ich weiß jetzt, dass ich das nie hinkriegen werde – und das muss ich auch nicht.

Mir geht es gut, ich bin gesund, ich muss mir nix mehr beweisen, und ich muss nicht dünn sein, um etwas darzustellen. Jahrelang habe ich mich davon beeindrucken lassen und erst jetzt gemerkt, dass eine schöne Hülle nicht alles ist. Und endlich, endlich kann ich laut über mich selbst lachen, und zwar darüber, dass ich jahrelang dachte, ich müsste genauso sein, sei nur was wert, wenn ich so bin. Ich bin nicht so. Ich bin ich, und das ist gut so. Danke, 50, dass du mir das gezeigt hast.

»Iiieh, eine Spinne!«

Ich bin eine Frau. Rein genetisch gesehen zweifelsohne. Ich habe ein Kind bekommen, kann kochen, Wäsche waschen und meinen Mann abends mit einem freundlichen Lächeln begrüßen. Eins aber bin ich nicht: ein *Weibchen*. Weibchen ist jetzt nicht zu verwechseln mit den Vorstadtweibern, das ist noch mal eine ganz andere Nummer. Im Prinzip sollte man meinen, dass die Frau als solche aber so was von gleich ist und dass diese Weibchen weg wären. Auch auf die Gefahr hin, dass ich mich wiederhole: Man könnte dieser Ansicht sein, da ja unter großem Trara die Emanzipation Einzug gehalten hat. Doch falsch gedacht, es gibt sie immer noch, diese Frauen, die aus welchen Gründen auch immer nicht erwachsen werden wollen und ständig irgendwas umwerfen oder permanent Angst haben, selbst vor Luft. Ein Weibchen erkennt man recht einfach, ich habe da mal eine Tabelle vorbereitet:

Normale Frau	»Ach doof, es regnet, na ja, nehm ich halt den Schirm.« Oder: »Ach doof, es regnet, dann wart ich einen Moment.« Oder: »Ach doof, es regnet, na ja, ich bin ja nicht aus Zucker.«
Weibchen	»Es reeeeeegnet, oh, Gott, es reeeeegnet, oh, oh, was soll denn jetzt werden? Iiiih, das ist ja alles ganz nass hier, puh, wie krieg ich denn den Schirm auf, huch, ich werde ja weggepustet, oh, nein, meine Schühlein, hier sind ja überall Pfützen, huch, huch …«
Normale Frau	»So ein heißer Tee ist genau richtig jetzt … lecker!«
Weibchen	»O, ein heißer Tee. Hm, wie fass ich denn am besten die Tasse an …? Autsch, ui, ist das aber heiß, da muss ich erst mal pusten. Am besten, ich fass die Tasse mit dem Pulswärmer an, uuuuh, heiß heiß heiß …«

Normale Frau	»Es ist Winter. Ich ziehe eine dicke Jacke an.«
Weibchen	»Winter? Oje, Winter, na ich weiß nicht, ob ich da überhaupt … Hm hm hm, oje, ist das eisig, ist das schlimm, schrecklich, ich bleibe zu Hause, ich bin doch so ein Frierkätzchen.«
Normale Frau	»Es ist Frühling. Ich ziehe eine leichte Jacke an.«
Weibchen	»Frühling? Oje, Frühling, na ich weiß nicht, ob ich da überhaupt … Hm hm hm, oje, ist das eisig, ist das schlimm, schrecklich, ich bleibe zu Hause, ich bin doch so ein Frierkätzchen.«
Normale Frau	»Eine Spinne. Sehr gut. Spinnen halten das Haus trocken und sind Nutztiere.«
Weibchen	»Mimimimi! Hiiilfäää! Diese Kreuzspinne mit dem Durchmesser von null Komma fünf Zentimetern wird mich tööötäääään!«
Normale Frau	»Ich habe mich geschnitten. Hat jemand ein Pflaster?«
Weibchen	»Blut! Blut! Blut! O, ich bin doch so ein kleines Mädchen, das kein Blut sehen kann. Obwohl ich schon über fünfzig bin, wird das immer so bleiben. Wo ist ein starker Mann, der meine Wundääääää versorgt?«

Normale Frau	»Da sind Klamotten für Zwölfjährige, da sind Tiere drauf.«
Weibchen	»Wie süüüüüüüß! Dieses Kleid mit der schüchternen Eule muss ich haben, da sehe ich bestimmt noch süßer aus als so schon. Und da die vielen Blümlein, und da ist ja ein Schaaaaaaaf! Und die Wollmütze in Form eines Kätzchens, ich bin doch selbst ein kleines Kätzchen, auch wenn ich bald in die Wechseljahre komme.«

Und so weiter.

Diese Spezies Frau steht auch immer an der engsten Stelle, genau da, wo man vorbeiwill. Sie trippelt dann unbeholfen hin und her und möchte wirken wie ein Vögelchen, das aus dem Nest gefallen ist. Diese Weibchen sprechen auch ständig von Achtsamkeit, sie müssen sich schützen, brauchen Zeit, verbreiten Sätze wie »Ich gehe behutsam mit mir um«, »Ich achte auf Nachhaltigkeit« oder: »Ich ernähre mich gesund«. Permanent müssen sie irgendwo einen Kaffee trinken, selbstverständlich biologisch und unter Fairtrade-Bedingungen angebaut, damit das Weibchen nicht dafür verantwortlich ist, dass jemand ungerecht oder gar nicht bezahlt wurde. Weibchen finden Katzen tooooootaaaaal süß, haben aber leider sehr oft eine Tierhaarallergie. Sie haben Angst im Dunkeln, wissen aber nicht, wie man eine Glühbirne wechselt, weil Strom gefährlich ist.

Nun kann man sagen: »Ach, lasst die Weibchen doch sein, wie sie wollen.« Das stimmt schon, aber so ganz kann man ihr Getue nicht abschütteln und ignorieren.

Mich macht es jedenfalls fuchsig. Diese Frauen wollen keine Verantwortung übernehmen, aus dem einfachen Grund, dass sie den Beschützerinstinkt im Mann wecken, Sie sind der Meinung, sie würden mit ihrem Kindchengehabe attraktiv wirken, und das Furchtbare ist dann auch noch, dass es Männer gibt, die darauf hereinfallen und denken, sie müssten die Arme beschützen. Da könnte ich glatt durchdrehen. Einerseits brüllen alle nach Gleichberechtigung (das Weibchen auch, wenn's in den Kram passt), andererseits wird so getan, als sei man in den Fünfzigerjahren und zu dumm, um allein über die Straße zu gehen. Ach, bei »Straße« fällt mir noch ein: Weibchen haben oft keinen Führerschein, weil sie Autos für zu groß halten, und böse sind sie auch noch. Insgesamt halten sie die Welt da draußen für zu groß und zu böse, vor ihr muss man sich schützen. Aber das sagte ich ja bereits. Ich wette, jeder von uns kennt so ein Weibchen. Ich mag sie nicht. Sie finden es auch noch süß, wenn jemand sie Püppi oder Kätzchen nennt.

Könnt ihr bitte alle Frauen sein? Echte Frauen. Danke.

»Haben Sie auch was ohne Weizen?«

Mit Elli und Nana essen zu gehen ist eine absolute Herausforderung. Möglicherweise bin ich nahezu unnormal oder komplett unnormal, aber ich gehe in ein Restaurant, setze mich und bestelle etwas von der Karte. Beispielsweise einen Salat mit Hähnchenbrustfilet und dem Dressing, das dazu angeboten wird. Oder Lasagne.

Wer den Film *Harry und Sally* kennt, weiß, wie lange es

dauert, bis sich Sally (Meg Ryan) in einem Restaurant ein Sandwich bestellt. Wer mit Elli und Nana an einem Tisch sitzt, wünscht sich Meg Ryan herbei. Sie verhalten sich wie unbeliebte Besucher vom Gesundheitsamt:

»Also, das Sandwich mit dem Thunfisch, was ist denn das für ein Brot?«, fragt Elli beispielsweise mit ernster Miene, und es hört sich an, als würde sie fragen: »Und die Kakerlake da, wie heißt die?«

»Panini.« Der Kellner ist freundlich.

»Ich meine die Mehlsorte.« Strenger.

»Weizen.« Der Kellner lächelt, und Nana und Elli zucken zusammen, weil Weizen ein Wort ist, das man mit Folter oder Stromschlag gleichsetzen kann.

»Weizen tötet«, sagt Elli. »Zwar nicht gleich, aber langsam. Weizen verklebt unseren Körper. Er verklebt die Venen, die Gedärme, er …«

Ich zähle die Karos in den Vorhängen und denke über meine Steuererklärung nach.

»Gibt's das auch mit Dinkel?«, fragt Nana.

»Weizen verklebt nämlich den Darm«, wiederholt Elli.

»Nein«, sagt der Kellner. »Panini gibt's nur mit Weizen.«

»Aber doch nicht generell.«

»Nein, aber hier bei uns.«

»Haben Sie was ohne Weizen?« Wie ich diesen Satz hasse.

»Bei uns ist in jeder Brotsorte Weizen mit drin.«

Elli und Nana wechseln sich ab. Der Kellner, schon einiges gewöhnt, reagiert so, wie Kellner, die schon einiges gewöhnt sind, reagieren: Er steht da und starrt auf seinen Block. Ich habe mich schon öfter gefragt, ob Kellner, während sie auf Bestellungen warten und auf ihre Blöcke gucken, weil die Gäste sich nicht entscheiden können, sich vorstellen, wie es sich anfühlt, die Gäste zu ermorden oder zumindest ihre Köpfe aneinanderzuschlagen. Die meisten haben sich ganz gut im Griff, hin und wieder fällt mir ein Zucken des Augenlids auf.

Seit einigen Jahren jedenfalls, seitdem das Internet und Facebook immer mehr und mehr und mehr wurden, wurde auch das immer mehr und mehr: irgendwelche Intoleranzen. Ich krieg von dem und davon Blähungen, Ausschlag, meine Nägel werden brüchig, wenn ich Salzstangen esse, und Zucker tötet uns alle. Wer Fleisch isst, isst böse und die Seele des armen Tieres mit, ich glaube, ich höre noch das Kälbchen schreien.

Selbstverständlich sollte man Allergien, Unverträglichkeiten und Überempfindlichkeiten ernst nehmen, aber muss man Religionen daraus erschaffen? Das ist ja wie mit den armen Rauchern – man wird wie ein Verbrecher hingestellt, wenn man beispielsweise Weizen mag.

Alles mit Maß und Ziel, hat meine Oma immer gesagt, und sie hatte mit Sicherheit recht. Ich mag die permanenten Diskussionen übers Essen, über miese Lebensmittel nicht mehr, ich will nicht gesagt bekommen, dass Nutella uns alle umbringt und die Erde sowieso wegen des Palmöls stirbt.

Merkwürdigerweise kenne ich keinen Handwerker oder Bauarbeiter, auch keinen Landwirt, der gegen irgendwas intolerant ist. Oder gar darüber redet. Haben die vielleicht gegen nichts eine Allergie? Klingelt's?

Ich habe eine vegane Bekannte. Ich kenne sie nur schlecht gelaunt und hungrig. Ja, Himmel, wie auch nicht? Auch fünf Pfund Rosenkohl sind irgendwann verpufft, und dann muss man die ganze Zeit noch pupsen, und das sei ja so gesund, weil die schlechten Gase rauskommen, sagt sie. Wenn ich aber keinen Rosenkohl esse, bilden sich doch gar keine schlechten Gase. Ich will auch nicht dauernd pupsen. Ich will einfach essen – und gut. Das kann doch nicht so schwer sein, in einem Restaurant etwas zu bestellen.

»Also für mich dann kein Panini«, sagt Elli.

»Eins?«, fragt der Kellner.

»Keins«, korrigiert Elli.

Nana fragt: »Der Feta-Salat mit den roten Zwiebeln, wo kommt denn der Käse her? Ist der Bio?«

»Nein«, erklärt der Kellner. »Das ist ganz normaler Fetakäse. Kein Bio.« Sein Lid zuckt. Ich wusste es.

»Ich will schon, dass die Tiere glücklich sind, wenn sie gemolken werden«, sagt Nana, und das ist dann der Moment, in dem ich mich einmische, weil ich mich für sie fremdschäme.

»Bestell doch jetzt bitte was.«

»Wenn das so einfach wäre.« Nana echauffiert sich gern. »Hier gibt es ja quasi nur giftige Sachen. Willst du, dass ich aufgehe wie ein Hefekloß, weil der Feta nicht Bio ist?«

»Früher hast du auch alles gegessen«, sage ich dann gern.

»Früher wusste ich nicht, dass ich Gift verzehre«, bemerkt Nana theatralisch.

»Was ist denn nun?«, fragt der Kellner.

»Ich nehme den Tomatensalat, aber nur, wenn die Tomaten ungespritzt sind«, sagt Nana, und nun zucken beide Augenlider des Kellners.

Nana und Elli sind schlecht gelaunt, weil sie eigentlich auf Tomatensalat oder so was in dieser Art gar keine Lust haben, und sie sind sauer auf mich, weil ich das bestelle, wonach mir gerade der Sinn steht.

»Du machst dir wohl überhaupt keine Gedanken übers Essen, oder?«

»Nö«, sage ich.

»Du hast wahrscheinlich nichts weiter als Glück. Oder die Gifte sind schon schleichend in deinen Körper gedrungen«, sagt Elli. »Deswegen hast du keine Falten um die Augen. Das ist das Nervengift, das in den Lebensmitteln ist. Deswegen haben wir Falten und du nicht. Weil wir kein Gift essen.«

»Du hast doch seit Neuestem auch keine Falten«, sage ich.

»Ich habe mich ja auch botoxen lassen.«

Das hat sie wirklich gesagt, und ehrlich, in diesem Augenblick kann ich nur eins denken: Sind eigentlich alle bekloppt geworden?

Tatsache ist: Es ist kaum mehr möglich, mit Menschen fröhlich und unkompliziert essen zu gehen. Außerdem komme ich mir vor wie ein Mörder, wenn ich ein Schnitzel bestelle. Dabei wird das meiste, das behaupte ich jetzt einfach mal, von den Medien hochgepusht. Gern im Sommer. Wegen Sommerloch.

Wer redet heute eigentlich noch von BSE? Komisch, oder?

Jeder, wie er es braucht, ist meine Meinung. Man soll mich bitte in Ruhe lassen. Ich bin kein schlechter Mensch, weil ich Rouladen und helle Brötchen mag.

Danke schön.

»Vom Hearing her echt nice«

Was ist nur aus den Menschen geworden? Wieso sprechen sie nicht miteinander? In unserem Fall Deutsch, weil wir hier in Deutschland sind. Selbstredend – wenn ein ausländischer Geschäftsfreund dabei ist, kann man sich gern in dessen Sprache unterhalten, das ist nur höflich, aber wenn vier deutsche Jungspunde zusammenhocken, können sie doch bitte auf Deutsch miteinander kommunizieren, oder? Was muss man sich da manchmal anhören! Da könnte ich ausrasten.

Deswegen hier eine kleine Aufstellung von Floskeln, bei denen ich, wenn ich die vernehme, kurzzeitig taub sein möchte, geäußert von jungen, aufsteigenden, smarten, ach so tollen Businessmännern. Also von Männern, die gestern noch im Sandkasten gespielt und um ein Eis gebettelt haben. Sie kommen jetzt in zu großen schwarzen Anzügen daher, tragen Hornbrillen und sind auch erkennbar an diesen ständigen Ich-streich-mir-die-Haare-aus-der-Stirn-Handbewegungen. Ein kleines Bingo zum Durchstreichen! Wer ist am schnellsten fertig?

Due espressi, per favore!	Letztlich kommt es darauf an, was am Erde des Tages …	Da bin ich so bei dir.	Meeting beim Speed-Lunch?	Das ist so nice!
Sieh es bitte als Denkanstoß.	Vom Learning her war's okay.	Überraschen Sie mich!	Du musst einfach sichtbar werden!	Ich fühl mich nicht abgeholt.
After-Work-Drink?	Ich mach die Präsi asap fertig.	Wir müssen ergebnisorientierter arbeiten.	Und was macht das jetzt mit dir?	Kriegst du das bald gegreenlighted?
Ich bin da jetzt ganz leidenschaftslos.	Wo sind denn da die Synergieeffekte?	Was ist eigentlich mit deiner Work-Life-Balance?	Charmante Idee.	Bin ich absolutely d'accord.
Soll ich dir das mal forwarden?	Das ist definitiv eine Win-win-Situation.	Der Zug ist leider abgefahren.	Wir sollten zeitnah entscheiden.	Wir gehen in den offenen Dialog.

Oh! Oh! Oh. Bitte hört damit auf. Woher kommt das alles nur, wer hat sich das ausgedacht? Ich bin wirklich ein ergebnisorientierter Mensch, aber ich committe damit nicht. Das hört sich so dämlich an. Bestimmt sind das alles gute Geschäftsleute, aber wieso muss ich immer mit dem Kopf schütteln, wenn ich solche Sprachkonstruktionen höre? Bringt uns das weiter – am Ende des Tages?

Ich sage: nein.

Hört euch einfach mal selbst zu.

Und weil wir gerade beim Hören sind, dies noch kurz als Anmerkung:

»Hör mir einfach mal zu.«

Ja, Kind, ich mein es nur gut. Nicht allein bei meinem Sohn, sondern mit allen jungen Menschen. Natürlich gilt auch hier das mit den eigenen Erfahrungen. Ich habe ja einige gemacht, wieso sollte ich die nicht an junge Menschen weitergeben? Ob es um die Berufswahl geht, darum, mit 20 schon zu heiraten, oder ums Kinderkriegen (wenn Kinder, dann, wie viele?) – jeder sollte eigene Lebensweisheiten weitergeben, insbesondere jene, die einen selbst im Leben weitergebracht haben. Niemand sollte das für sich behalten.

Es ist ein wunderbares Gefühl, wenn man in dieser Hinsicht etwas Gutes tut. Selbst wenn die jüngere Generation das Gesagte vielleicht nicht gleich annimmt – es wird in jedem Fall was hängen bleiben. Wenn sie also nicht sofort danach handeln, dann eventuell später. Oder auch gar nicht, und sie merken irgendwann, dass es besser gewesen wäre, wenn sie danach gehandelt hätten. Aber in diesem Fall fragen sie beim nächsten Mal von allein.

Ich persönlich mag es, nett zu sein und Rat zu geben. Auch wenn ich mich dabei hin und wieder ganz schön alt fühle. Aber für irgendwas muss es ja gut sein, das Alter.

Das musste jetzt mal gesagt werden.

(Liest sich das jetzt oma-esk? Dann tut es mir leid. Ich bin gerade in den Wechseljahren und deswegen manchmal ein bisschen pathetisch ... ich bitte um Nachsicht!)

Was wir uns von unseren Männern wünschen!

Es gibt so viel, was wir für unsere Männer tun können, und das machen wir auch sehr gern. Je älter wir werden, desto milder werden wir. Wir sehen ihnen viel nach, und das ist gut so. Das ist zumindest meine persönliche Meinung. Deswegen werde ich später noch erklären, warum ich meinen Mann nicht mehr zwinge, samstags mit mir in die Stadt zu fahren.

Nun ist es aber so, dass wir Frauen es manchmal ebenfalls gern hätten, dass unsere Männer einiges für uns tun, tun könnten. Aber manchmal haben sie bei Dingen dieser Art ein Brett vorm Kopf, und das sah noch vor einiger Zeit so aus:

Clara, eine Freundin, rief mich morgens um halb acht an, sie klang verzweifelt: »Du kannst dir nicht vorstellen, wie Robert schon wieder geschnarcht hat, wie soll das nur weitergehen? Jeden Abend, jede Nacht dasselbe. Ich geh extra schon früher ins Bett, damit ich schnell einschlafe und nichts von seinem Schnarchen mitbekomme, aber natürlich schlafe ich dann nicht schnell ein, weil ich die ganze Zeit darauf achte, ob Robert jetzt ins Bett kommt oder noch fernsieht. Dann lausche ich automatisch auf den Ton vom Fernseher. Irgendwann nehme ich dann meine Silikon-Ohrstöpsel, aber trotzdem bin ich noch in einer Habachtstellung. Ist es zu fassen? Und dann taucht Robert im Schlafzimmer auf, und das merke ich, obwohl ich die Augen zuhabe. Er legt sich ins Bett, und kurze Zeit später fängt er an zu schnarchen. Er hat einen gottgesegneten Schlaf, den hätte ich gern mal, und dann geht es los: chhhhhr, chhhhhhhhhr. Unfassbar. Ich rüttle ihn, sage: ›Robert, du schnarchst.‹ Weißt du, was er sagt? Kannst du es dir vorstellen?«

Ja, das konnte ich. Aus jahrelanger Erfahrung wusste ich es: »Er sagt, ziemlich giftig: ›Ich schlaf doch gar nicht, wie kann ich denn da schnarchen?‹«

»Man könnte meinen, du liegst neben ihm.« Ein kleiner Hauch Misstrauen war in Claras Stimme nicht zu überhören. Glaubte sie, ich würde mich an Robert kuscheln und ihn schnarchen hören?

»Nein. Aber bei mir ist es genau das Gleiche«, erklärte ich meiner Freundin. »Schon vergessen?«

»Keine Nacht kann ich richtig schlafen«, sagten wir dann synchron.

Ich konnte tatsächlich Claras Wut nachvollziehen. Wenn mein Mann schlief, wurden ganze Regenwälder gerodet, und natürlich schnarchte er nicht, niemals, und wenn er doch schnarchte, dann hieß es, ich stelle mich an, sei wahnsinnig empfindlich.

Ich erinnere mich noch an eine Nacht in einem schwedischen Hotel. Wir hatten in einem Lokal gegessen und waren dann zurück ins Hotel gegangen. Mein Mann fiel wie ein nasser Sack ins Bett, ich fummelte meine Kontaktlinsen aus den Augen und schminkte mich vorbildlich ab. Mit dem Zähneputzen hatte ich noch nicht angefangen, da hörte ich es: Die Baumstämme fielen lautstark um. Ich konnte leider nicht in ein anderes Zimmer ausweichen, und zu allem Unglück hatte ich auch meine Ohrstöpsel vergessen. Ein Albtraum sondergleichen.

Es war Sommer, das Fenster stand offen, ich lag neben meinem Mann im Bett und versuchte unterschiedlichste Dinge: anstupsen, umdrehen, die Nase zuhalten, mir Tempos in die Ohren stopfen, mir Tampons in die Ohren stopfen, Zahnpasta in die Ohren schmieren und dann Taschentücher rein. Ich war sogar kurz davor, mein Trommelfell zu durchstechen, nur um endlich Ruhe zu haben. Das nicht so Lustige an der ganzen Sache war auch, dass mein Mann ziemlich gruselig schnarchte. Er hatte Atemaussetzer, und ich hatte Angst, dass er, während er weder schnarchte noch atmete, versterben könnte.

Unten am Fenster Schritte. Zwei Männer.

Einer von ihnen sagte mit tiefer Stimme: »*Sam, stop. Do you hear that?*«

Der andere antwortete heiser: »*Yes, Mike. Listen...*«

Mein Mann zersägte gerade einen vierhundert Jahre alten Mammutbaum.

»*Oh my god, Sam, it's horrible!*«

»*Yes, Mike, it's like an wild, hungry animal. Let's go fast! Maybe it will come out from the window.*«

Die beiden Männer gingen raschen Schrittes von dannen, auf der Flucht vor einem möglichen wilden und hungrigen Tier. Hektisch sprang ich aus dem Bett und lief ans Fenster, um zu gucken, was für Männer das waren. Vielleicht dünne, kleine Kerlchen mit Bleistiftärmchen? Aber unten auf der Straße rannten zwei Wikinger um ihr Leben.

Ich war damals so verzweifelt, dass ich meine Matratze nahm (zum Glück war es ein Bett mit zwei Matratzen) und sie ins winzige, fensterlose Badezimmer schleppte. Dort versuchte ich dann in Embryohaltung einzuschlafen. Am nächsten Morgen war ich wie gerädert, und mein Mann fragte, auf was für schwachsinnige Ideen ich denn kommen würde. Ins Badezimmer auswandern? Warum das denn?

An diesem Morgen fasste ich einen Entschluss.

Ich wusste ganz genau, dass mein Mann diesen Entschluss unmöglich finden und mich dafür verfluchen würde, aber es ging nicht mehr anders. Die Nacht in dem engen Bad auf der Matratze war der berühmte Tropfen gewesen, der das Fass zum Überlaufen gebracht hatte.

Ich machte heimlich einen Termin beim HNO für ihn aus. Nur unter Androhung von Folter ging er zu diesem hin, und was stellte sich heraus: Er hatte eine schwere Apnoe, also Atemaussetzer, die aufs Herz gehen konnten, wenn's ganz dumm lief.

Ich tobte, weil der Arzt gemeint hatte, das sei nicht erst seit gestern so. Meinem Mann gab er zu verstehen, warum er denn nicht schon viel früher zu ihm gekommen sei. Er müsse dringend ins Schlaflabor, um das untersuchen zu lassen.

Mein Mann war auf 180. »Wegen dir muss ich jetzt in so ein blödes Labor, schönen Dank auch, das war das letzte Mal, dass ich auf dich gehört habe. Wieso habe ich das überhaupt noch getan?« Und so weiter. Natürlich war ich schuld, natürlich.

Er ging dann ins Schlaflabor.

Warum erzähle ich eigentlich diese Geschichte? Aus drei Gründen:

1. Weil diese Apnoe verdammt gefährlich ist und unsere Männer nicht nur für uns was tun, wenn sie ihr

Schnarchen untersuchen lassen, sondern auch für ihre Gesundheit.

2. Und wo wir schon bei der Apnoe sind: Jeder Mensch sollte ab einem gewissen Alter Vorsorgeuntersuchungen wahrnehmen. Ich will hier keinen Finger hochhalten, aber irgendwie tue ich es dann doch.

3. Ich möchte in Ruhe und Frieden leben und das lange, und das möglichst auch mit meinem Mann. Also muss ich ihn dazu bringen, zum Arzt zu gehen. Später kann man gemeinsam darüber lachen, wie blöd er sich angestellt hat, aber erst mal muss er dort hin.

Zwei Nächte war er in diesem Labor, und was stellte sich heraus: Diese Apnoe war so schlimm, dass das richtig bedrohlich für ihn war. Mein Mann kam nach Hause und war sehr zerknirscht. Und dankbar. Das war kein Spaß. Fortan musste er ein Atemgerät tragen, von uns Schnarchomat genannt. Das Ding sieht aus wie eine Darth-Vader-Maske, und ich muss heute noch lachen, wenn ich ihn mit dem Ding sehe. Manchmal lachen wir auch zusammen.

Nach drei Nächten hatte er jedenfalls morgens so gute Laune wie noch nie, und das Wundervolle: Auch ich kann seitdem super schlafen.

Sicher, man kann, wenn man ausgeschlafen ist, übers Schnarchen herzhaft lachen, aber in diesem Fall spielte die Gesundheit auch eine Rolle.

Liebe Frauen, schickt eure schnarchenden Männer zum Arzt. Ihr tut ihnen was Gutes und sie euch.

Und dann kann man wirklich gemeinsam lachen, weil ein Mann mit Schnarchgerät nicht nur aussieht wie Darth Vader, sondern auch so klingt. Nur die Lebenserwartung ist höher.

»Na, die hat gut reden«, höre ich nun einige Frauen sagen. »Krieg du mal meinen Mann zum Arzt, eher würde er sich einen Finger abhacken.« Das stimmt. Männer verbringen ungern ihre Zeit beim Urologen, was ich auch verstehen kann. Aber wir gehen ja auch zum Gynäkologen, und ich kenne keine einzige Frau, die sagt: »Juhu, morgen werden wieder lustige Gerätschaften in mich geschoben und Abstriche gemacht, nur noch einmal schlafen!« Aber wir gehen trotzdem.

Mittlerweile habe ich ein wunderbares Mittel gefunden, um meinen Mann zum Arztbesuch zu bewegen: Ich sagte ihm, ich fände nichts unmännlicher als einen Mann, der nicht zum Arzt geht.

Es funktionierte. Wirklich.

Ich habe viel zu lange gewartet, ihn zum HNO zu jagen. Jahrelang habe ich es ausgehalten, dass ich nicht richtig schlafen konnte, dabei hätten wir es doch schon viel früher viel einfacher haben können.

Heute machen wir uns einen Witz draus: »Weißt du noch, damals, als du ins Schlaflabor musstest und so sauer auf mich warst? Und ich kurz davor war, die Scheidung einzureichen.«

»Du würdest dich wohl nie von mir scheiden lassen.«

Natürlich nicht. Sag ich aber nicht, sondern zucke nur so halb bedrohlich mit den Schultern, um vorzubeugen, dass er nicht auf die Idee kommt, die Darth-Vader-Maske nicht mehr zu benutzen.

Ist das herrlich, gut schlafen zu können.

Noch Abschließendes zum Thema Schlafen (vielleicht liegt das in der Natur der Dinge, dass man erst ab 50 auf die naheliegenden Dinge kommt):

Wo steht eigentlich geschrieben, dass man un-be-dingt

in einem Bett schlafen muss? Der Mensch hat unterschiedliche Schlafgewohnheiten, und dieses »Wir sind verheiratet (leben zusammen) und müssen deswegen in einem Bett schlafen«, ist völlig antiquiert. Der eine will früher, der andere später schlafen, der eine liest noch gern oder möchte sich eine Folge *Suits* auf dem iPad anschauen. Der andere ist durch das Flimmern gestört oder durch das Umblättern der Buchseiten oder die Nachttischlampe. Oder wenn der andere sich ächzend im Bett umdreht.

Wer ausreichend Platz hat, sollte es mit zwei Schlafzimmern ausprobieren. Wer den Platz nicht hat, mit getrennten Betten Abhilfe schaffen, das wirkt Wunder.

Man kann das völlig entspannt angehen. Was ist denn daran schlimm? Mir wäre ein guter, tiefer Schlaf wichtiger, als stolz zu verkünden: »Ich schlafe mit meinem Mann in einem Bett.« Das kann eine Beziehung ganz schön belasten. Möglicherweise – Achtung, Wortwitz! – schläft sie dann ein. Haha.

Männer und Frauen

Männer und Frauen, ach ja, ein weitschweifendes Thema. Mittlerweile freue ich mich sogar, dass mein Mann anders ist als ich, dass Männer überhaupt anders sind als Frauen. Wäre es nicht so, wäre es furchtbar langweilig, oder? Ich denke mir, dass das eine oder andere genetisch verankert sein könnte. So wie Biertrinken beim Mann und Schuhekaufen bei der Frau. Haben die doch mehr oder weniger schon immer gemacht, auch wenn Bier früher Met und Schuhe früher Felllappen waren. Schick aussehen musste es trotzdem bestimmt.

Und früher hat der Mann eben nicht am 2000-Euro-Grill gestanden, sondern musste erst mal mit gutturalen Lauten durch den Wald rasen und Nahrung suchen, während die Frau zu Hause auf den lieben Gatten wartete. Das ist ja heute noch ähnlich. Nehmen wir doch einfach folgende Geschichte: Wir befinden uns auf einem Grillfest. Der Hausherr steht da und grillt (früher gern noch mit umgebundener Schürze, auf der stand: »Heute ist Papa der Meisterkoch«). Er wird von seinen Freunden bejubelt, obwohl er nichts anderes macht, als von seiner Frau marinierte Steaks oder von ihr eingekaufte Bratwürste auf einem Rost zu wenden. Das ist wie ein Tier erlegen und die Familie mit Nahrung zu versorgen. Löscht er hin und wieder alles mit Bier ab, wird das mit »Aaaahs« und »Ooooooohs!« kommentiert, als würde man ihn für eine gelungene Herztransplantation loben. Seine Frau hat nicht nur eingekauft, sie hat auch die schönen Salate gemacht (natürlich sagen die Männer, dass sie keine Salate bräuchten, sie hätten ja Fleisch), Brot gebacken, den Tisch gedeckt und an diverse Senfsorten für die Bratwürste gedacht. Dennoch ist der Mann der umjubelte Held. Er darf mit dem Feuer spielen, es schüren, seine Kumpel stehen um ihn herum, und die Frau ... nun ja.

Dieses kleine Beispiel zeigt gut den Unterschied zwischen Mann und Frau und die Sache mit den Genen. Männer stehen in Gruppen zusammen, Frauen auch. Auf Grillfesten, das habe zumindest ich beobachtet, mischen sich selten die Geschlechter. Die Frauen schauen milde lächelnd auf ihre Grillmänner und sagen sich, während sie Prosecco und nicht Bier bevorzugen, dass »sie nun mal so sind«. Und das stimmt auch.

Dafür ein Beispiel: Ich treffe mich abends mit meiner Freundin. Es wird gegessen, geredet, getrunken, und um Mitternacht bin ich zu Hause. Um Claudia dann noch einmal anzurufen. Mein Mann, weitgehend wach, versteht die Welt nicht mehr: »Warum telefonierst du mit ihr? Ihr habt euch doch gerade mehrere Stunden gesehen?«

Es gibt wichtige Dinge, die nachbesprochen werden müssen. Die nicht bis zum nächsten Tag warten können. Die unaufschiebbar sind. Wenn mir nach unserem Treffen einfällt, dass man die Worte von ihrem Freund, die er im Streit gesagt hat, doch anders sehen könnte, dann muss ich mich mitteilen.

»Ich verstehe das nicht.« Mein Mann schaut mich fassungslos an. »Wie kann man denn so lange über ein einziges Thema sprechen?«

Er, ein Norddeutscher, kommt monatelang mit einem »Jo« aus, ich stamme aber aus Hessen und bin eine Frau.

Liebe Männer: Ihr tut uns einen großen Gefallen, wenn ihr uns telefonieren lasst, ohne nach dem Grund zu fragen. Wir lassen euch doch auch Fußball und Formel 1 gucken. Telefonate mit der Freundin sind immens wichtig, ihr müsst das weder verstehen noch Kommentare dazu abgeben. Und schon sind wir die besten Freunde.

Überhaupt wünsche ich mir ein paar Dinge von meinem Mann, und endlich habe ich sie ausgesprochen, es wurde auch Zeit:

1. Ich schaue Fernsehserien, in denen viel geschrien wird *(Grey's Anatomy, Call the Midwife – Ruf des Lebens)*, weil Menschen sich verletzen oder geboren werden. Lass mich einfach meine Serien gucken, schüttle nicht den Kopf, sondern bring mir ein Glas Wein, ohne zu fragen, ob ich noch alle Nadeln an der Tanne habe.

(Ich kann allerdings nicht versprechen, dass ich nicht lache, wenn du zum 100. Mal *Alien* schaust und immer noch so tust, als sei das alles real.)

2. Im Supermarkt habe ich eine bestimmte Ordnung im Einkaufswagen, und Milchprodukte kaufe ich nur in geraden Zahlen. Ich kann also nicht drei Päckchen Butter oder fünf Becher Joghurt kaufen. Es geht einfach nicht. Nein, ich bin nicht gestört, und versuch ja nicht, einen Joghurt wegzunehmen oder dazuzulegen. Ich möchte mich nicht mit dir im Supermarkt über Joghurt streiten.

3. Samstags und sonntags möchte ich zum Frühstück gern eine Laugenbrezel und vom Brötchen grundsätzlich nur die untere Hälfte. Dazu möchte ich noch Folgendes anmerken: Ich weiß, dass Brezeln ungesund sind. Ich möchte am Wochenende trotzdem welche. Und dass du »niemanden kennst, der freiwillig die untere Brötchenhälfte nimmt«, stimmt so auch nicht, denn du kennst ja mich. Freu dich doch über zusätzliche obere Hälften.

4. Ja, ich schmiere mir meine untere Brötchenhälfte mit Erdnussbutter und belege sie dann mit Tomaten. Ja, es schmeckt wirklich gut. Nein, meine Zunge wurde mir nicht herausgeschnitten.

5. Ich möchte mich an Winterwochenenden nach dem Frühstück noch einmal ins Bett legen, lesen und/oder online ein Profi-Sudoku lösen.

6. Es kann gut vorkommen, dass ich am Sonntag ab mittags vor dem Fernseher sitze, weil eine Dokumentation über Kaiserin Elisabeth oder alle drei *Immenhof*-Filme hintereinander ausgestrahlt werden. Sollte das so sein, hätte ich dazu gern ein Stück Torte mit einem hohen Schokoladenanteil und einen schwarzen Tee in

meiner alten Kapitänstasse mit frisch gepresster Zitrone und Honig. Ja, ich kann die *Immenhof*-Dialoge auswendig mitsprechen, und ja, ich kann die Lieder alle mitsingen. »So ein Pony, das kann alles, ja das weiß viel mehr als ihr. Könnte es noch Eier legen, wäre es ein Wundertier. Hojahoooo ...«

7. Manche Menschen benutzen Kosmetikprodukte und legen am Wochenende auch mal eine schlammfarbene Gesichtsmaske auf. Dann sieht man aus wie Shrek oder jemand, der gerade aus einem Moor geklettert ist. Das ist aber gar nicht schlimm und muss auch gar nicht blöd kommentiert werden.

8. Ich hatte im Bad schon immer gern meine Ruhe, und ich bin mir sehr sicher, dass ich mit dieser Einstellung nicht allein dastehe. Von einigen Freundinnen weiß ich, dass es sie auch nervt, wenn ihre Männer, während sie selbst im Bad sind, an die Tür klopfen, Fragen stellen, die sie sich mit etwas gesundem Menschenverstand eigenständig beantworten können (»Wo sind denn Eiswürfel?« – »Wollen wir nachher einen Gin Tonic trinken?«). Oder sie wollen wissen, ob sie sich mal kurz rasieren können, während wir uns gerade die Hornhaut an den Füßen entfernen oder die Augenbrauen zupfen.

Unnötige Unbequemlichkeiten –
was haben wir nicht alles mitgemacht!

Es war in den Achtzigern. Ich fand meine langen, fast schwarzen, dicken, glatten Haare natürlich furchtbar und wollte – richtig – eine Dauerwelle. Fast alle hatten eine, ohne Dauerwelle gehörte man nicht dazu und war nicht trendy. Ich latschte zum Friseur, der aber meinte, für eine Dauerwelle bräuchte ich kürzere Haare. Das Gewicht der Haare würde sonst die Wellen wieder glätten, und dann könnte ich mir die Dauerwelle gleich sparen.

Also habe ich mir drei Viertel meiner schönen, langen, schwarzen Haare abschneiden lassen, und der Friseur hat die auch noch behalten und gefragt, ob er die für eine Perücke spenden dürfe. Ja, klar. Ganz sicher hat er meine tollen Haare verkauft. Aber gut.

Die Haare waren nun ab, und er hat mir eine Dauerwelle verpasst. Als ich mich sah, war ich glücklich. Endlich eine Dauerwelle. Schaue ich mir heute Fotos von damals an, kann ich kaum glauben, dass ich den Friseur nicht verklagt habe. Ich sah aus wie ein Löwe unten herum. Die Haare standen ab. Sie standen jedoch nicht irgendwie ab, so gewollt *undone* oder wie das heute heißt, sondern sie standen ähnlich ab wie bei Struwwelpeter, der gerade festgestellt hat, dass es keine so gute Idee war, mit nassen Fingern in einer Steckdose herumzufummeln.

Der Friseur fand die Welle auch toll. Alle anderen fanden das ebenfalls, und ich fühlte mich endlich dazugehörig und angekommen. Wunderbar. Dass meine Haare durch immer wieder neue Umformungen brüchig, splissig und dünn wurden, verdrängte ich.

Hauptsache, alles schön mitmachen.

Und so ging es weiter. Etwa mit Latzhosen, in denen ich aussah wie ein Idiot. Dann kam jene Henna-Phase, in der die Haare rot sein mussten, es folgten indische Kleider mit Glöckchen – okay, das war noch akzeptabel und stand mir einigermaßen. Weniger gut stand mir die Phase, in der ich freakig war und ökomäßig herumlief und mich auch so verhielt. Jeder Satz begann mit »Du«, und dieses Du sprach man so nasal aus, wie das Kulturethnologie- und Soziologiestudenten gern mal tun. »Du, ich find das nicht gut, dass du ...« – »Du, ich finde, da sollten wir mal drüber reden, weil ...«

Ich trug natürlich selbst gebatikte Hosen und weite Pullover, Jutetaschen, auf denen »Brot für die Welt« stand, und bin auf die Oster-Demo gegangen, um gruppendynamisch mit den anderen Freaks »Hopp, hopp, hopp, Atomraketen stopp!« und »Frieden schaffen ohne Waffen« zu rufen. Später dann, im Jugendcafé, haben wir draußen gehockt und über das Leben diskutiert. Ich trug damals auch im Winter nie Socken, weil das uncool war, und hatte deswegen ständig eine Blasenentzündung.

Kurze Zeit später war ich dann Popper und trug Benetton und Lacoste, hatte die typische Popperfrisur – auf einer Seite halblang, was ständige Nackenschmerzen zur Folge hatte, weil man den Kopf immer zur Seite neigen musste, da man sonst nix sah –, trug College-Schuhe und Burlington-Socken. Popper sein machte mich arm; ich musste in einer Bäckerei arbeiten, um mir die ganzen teuren Klamotten leisten zu können. Ich fing an zu rauchen, weil man das als Popper eben tat – natürlich Markenzigaretten –, und kam aus dem Husten nicht mehr raus.

So ging es weiter und weiter. Trends und modische Neuheiten kamen und gingen, man machte mit und »war dabei«.

Alles machte ich mit, fast unmerklich, und wenn ich daran zurückdenke, so wie jetzt in diesem Moment, dann muss ich zugeben: So richtig wohl habe ich mich nie damit gefühlt, die modischen Errungenschaften mitzumachen. Es war, rückblickend gesehen, sogar ziemlich anstrengend, immer up to date zu sein.

Kurz nach meinem 50. merkte ich, dass ich seit Monaten eigentlich nur bequeme Sachen anzog, in denen ich mich wohlfühlte. Und damit habe ich bis heute nicht aufgehört. Um ehrlich zu sein: Es geht mir damit besser als vorher. Ich dachte zurück an das, was ich selbst noch im Erwachsenenalter alles getragen und ausprobiert habe, und dann dachte ich daran, wie ich es mittlerweile handhabe – und freute mich. Genau genommen stellte ich fest, dass es mir noch nie so gut gegangen ist:

Als ich noch dumm war
»O, diese tollen hohen Schuhe muss ich haben, ich muss! Die ziehe ich zu der Party bei Maike an, juhu.«
Auf der Party dann:
»Oh, diese verdammten hohen Schuhe! Ich will sie so gern ausziehen. Wie konnte ich die nur zur Party bei Maike anziehen? Aua!«
Nachdem ich klug wurde
»O, diese tollen bequemen und extra breiten Schuhe. Herrlich sind die. So weich. So leicht. Klasse. Die ziehe ich zu der Party bei Maike an.«
Auf der Party dann:
Maike: »Meine Füße spüre ich kaum noch in diesen Stöckelschuhen. Aber deine Schuhe sehen ja bequem aus.«
Ich: »Sind sie auch. Die sind jetzt übrigens voll im Trend.«

Maike: »Ach echt?«
Ich: »Ja, klar. Sonst würde ich sie ja nicht anziehen.«
La, la, la.

Als ich noch dumm war
Bettwäsche mit Streublümchen drauf ist so süß, Bettwäsche in Rot-Weiß-Grün ist schön, Bettwäsche mit
Kringeln drauf ist pfiffig, Bettwäsche mit Herzchen
herzig.

Nachdem ich klug wurde
Weiße Bettwäsche.
Einfach weiße Bettwäsche. Und die dann noch geman-
gelt und gestärkt wie von Oma. Herrlich.

Als ich noch dumm war
»Ich glaube, Strähnchen würden flott an dir aussehen.
Jeder hat jetzt Strähnchen.«
»Ich glaube, ein Pony würde dir gut stehen. Das lockert
die Frisur ein bisschen auf.«
»Schön stufig und luftig. Und dann mit dem Föhn nach
innen föhnen.«

Nachdem ich klug wurde
Ich habe, was Haare angeht (siehe oben), einiges pro-
biert und eins gelernt: Ich halte Frisuren nicht durch.
Soll heißen: Ich föhne nie rund. Und seien wir mal ehrlich: Wir kriegen die tolle Frisur, die der Friseur gezaubert hat, zu Hause nie so hin, da können wir noch so viele Bürsten und Spülungen und Kurpackungen kaufen.
Davon abgesehen gehe ich auch nicht regelmäßig zum
Ponynachschneiden, sondern mache es selbst, weil
meine Haare sehr schnell wachsen.
Leider musste ich erst 50 werden, um noch mehr zu
lernen: Ich gehe nicht gern zum Friseur. Warum habe

ich mir das nie eingestanden? Ich mag da nicht stundenlang herumsitzen und mir das Gesülze anhören, denn ja, es ist so, dass Friseure mir immer ihr Herz ausschütteten.

Mittlerweile weiß ich auch, dass ich mit einer Frisur, die überhaupt keine ist (halblange Haare, die ich meist hinten zusammenbinde), am besten klarkomme. Nichts hängt vor den Augen herum oder verheddert sich in den Ohrringen, wunderbar. Hin und wieder lasse ich ein Stück abschneiden und Ansätze nachfärben, und das erledige ich bei einem Schnellfriseur ohne Termin. Dabei spreche ich auch nicht und hoffe, die richtigen Signale auszusenden (sie möchte sich nicht unterhalten). Ist das schön!

Als ich noch dumm war

Welcher Sadist hat eigentlich kratzige Spitzenunterwäsche erfunden? Jahrelang habe ich die getragen.

Nachdem ich klug wurde

Was ich mittlerweile untendrunter anziehe: normale Bustiers ohne Haken und Ösen sowie normale Unterhosen. Kein String-Tanga wird mich mehr im Hintern kneifen und kein BH mich einengen. Sicher, es gibt auch schöne und hochwertige BHs, aber ich mag BHs nicht. Das heißt, selbst die Bustiers werden sofort ausgezogen, sobald ich die Wohnungstür hinter mir geschlossen habe. Ausnahmen mache ich nur, wenn Besuch kommt, der nicht aus meinen Freundinnen besteht; der Großteil von ihnen zieht nämlich die BHs auch aus, sobald sie die Wohnungstür hinter sich schließen. Insgesamt glaube ich, dass das viele Frauen so handhaben. Nicht umsonst hat mal eine Umfrage unter Paketboten ergeben, dass

95 Prozent der Frauen, die ihnen öffnen, keine BHs tragen.

Es ist so ein super Gefühl, den auszuziehen! Wunderbar. Warum sollen wir es uns denn unbequem machen?

Ich hatte ständig den Satz im Hinterkopf: »Du musst deine Nägel lackieren.« Dauernd habe ich mir neue Farben gekauft. Auch Nagellack in Grün, Grau und Kaki. Ich war sogar so dämlich, mir aufzuschreiben: »Freitag – Nägel lackieren«, und setzte mich damit unter Druck.

Ich notiere mir doch nicht mehr, dass ich meine Nägel lackieren soll – geht's noch? Außerdem habe ich sämtliche Farben, die keine Rottöne sind, verschenkt, weil sie mir nicht stehen. Und weil ich merkte, dass ich diese Fläschchen unangetastet ließ. Bei ihnen war ich – natürlich – mal wieder auf die Werbung reingefallen (»Diese Farbe steht jeder Frau! Wirklich jeder!«). Aber inzwischen weiß ich, mit 50, dass mir ein kräftiger Rotton am besten steht, und das auch nur dann, wenn ich Lust zum Lackieren habe. Wenn ich nämlich keine Lust habe, merkt das der Lack und krabbelt unter die Nagelhaut, unter die Nägel und wird nicht trocken.

Als ich noch dumm war

»Ach, Fußpflege kann ich doch alleine. Man kaufe sich einen Hornhautentferner, ein Fußpeeling, Bimsstein oder so, stellt sich ins Bad und pediküurt seine Füße.« Jahrzehntelang habe ich das so gemacht und fand es immer doof und nervig. Warum nur?

Nachdem ich klug wurde

Das gönn ich mir: eine richtige Pediküre bei der Kosmetikerin. Anders als beim Friseur ist es herrlich, dreißig Minuten später aufzustehen und mit gepflegten Füßen und Zehennägeln nach Hause zu gehen. Ich bin über 50. Ich geh zur Pediküre. Nein, ich mach das nicht mehr selbst!

Weil's so schön ist und weil's jeder kennt: die unterschiedlichsten Diäten und weshalb sie immer versagen

1. Trennkost
   Oh. Trennkost ist sooooooo einfach. So furchtbar einfach. Nie Eiweiß und Kohlenhydrate zusammen essen. Und dann muss man Pausen zwischen den Mahlzeiten einhalten – nichts leichter als das.
   Sicher. Braten mit Gemüse schmeckt recht gut. Braten mit Gemüse, Soße und Kartoffelklößen aber hundertmal besser. Noch Fragen?
2. Metabolic Balance
   Oh. Metabolic Balance ist so neu und sooooo klasse. Du kriegst anhand deines Blutbilds einen Ernährungsplan ausgehändigt, und natürlich darfst du keinen Alkohol trinken und keine Milch in den Kaffee tun. In meinem Fall bestand die Ernährung aus Schafsjoghurt mit Mango, Hähnchenbrust mit Salat und Thunfisch. Einmal pro Woche Reis. Nie Nudeln. Nie Kartoffeln.
   Ich liebe aber Nudeln. Noch Fragen?
3. Die Hollywood-Star-Diät
   Oh. Die ist sooooooo toll, weil auch alle Schauspielerinnen die machen. Man darf ganz viel Ananas essen

und manchmal an einer Cashewnuss (ungesalzen) knabbern.

Ich mag aber die gesalzenen lieber. Noch Fragen?

4. Low Carb

Oh. Ein Wahnsinn. Einfach weniger Kohlenhydrate, und schon purzeln die Pfunde.

Bleibt jedoch das Problem mit den Kohlenhydraten. Keine weiteren Fragen.

5. Weight Watchers

Oh. Sooooo klasse. Entweder trifft man sich in Grüppchen oder macht alles online, zählt Punkte – und schwuppdiwupp ist man dünn.

Selbstverständlich war ich bei den Weight Watchers, eine ehemals sehr dicke und inzwischen sehr dünne Frau leitete die Gruppe und stand vorne. Seit diesen Treffen kann ich diverse Wörter und Formulierungen nicht mehr hören, ohne äußerst aggressiv zu werden:

»Ein Stück Zartbitterschokolade darf man sich pro Woche *gönnen*.«

»Den Salat muss man *genießen*.«

»Den *inneren Schweinehund* muss man *überwinden*.«

»Man soll *bewusst* essen.«

Das einzig Gute, das ich in Erinnerung habe, war, dass ich damals die Dünnste in der Gruppe war. Eine Frau – es war entsetzlich und sie tat mir so leid – war so dick, dass sie zum Wiegen zur Post gehen und sich dort auf eine im Boden eingelassene Waage stellen musste, weil die normalen Personenwaagen nur bis 150 Kilo oder so gehen. Die Frau nahm dann 20 Kilo ab, und jetzt kommt noch etwas Schlimmeres: Man hat es nicht ansatzweise gesehen.

Ich könnte noch zwanzig weitere Diäten, Ernährungsumstellungen und »Garantiert nehmen Sie ab«-Parolen hier hinschreiben, aber jetzt mal Butter bei die Fische: Ich habe fast jedes Abnehmprogramm absolviert. Mal mit mehr Erfolg, mal mit weniger. Und es wird – entsetzlich! – umso schwieriger, je mehr das Alter voranschreitet.

Eins habe ich aber immerhin gelernt bei all meinen Versuchen: Man nimmt selbstverständlich ab, wenn man weniger isst. Aber man nimmt dann auch über kurz oder lang wieder zu (ich mag das Wort Jo-Jo-Effekt nicht, keine Ahnung, warum). Und so geht das weiter und weiter. Es sei denn, man ist dauerhaft kontrolliert oder macht sich nichts aus Essen und Wein. Zu letzterem Personenkreis gehöre ich definitiv nicht.

Mir bleiben also zwei Möglichkeiten: Entweder ich displiziniere mich, um abzunehmen, und dann noch einmal, um mein Gewicht zu halten. Oder aber ich lasse das mit dem Kasteien sein, jammere aber nicht herum und akzeptiere mich so, wie ich bin. Ich weiß ganz genau, wie es geht, und ich bin sicher, Sie wissen auch genau, wie es geht, dämlicherweise hofft man nur immer wieder erneut auf ein Wunder – wie jetzt gerade beim neuesten Diättrend, dem Intervallfasten. Das geht so: Wir müssen weniger Kalorien zu uns nehmen, als wir verbrauchen, und dann nehmen wir ab. Eine sehr einfache Berechnung.

Und weil das Abnehmgeschäft so lukrativ ist, wird es immer wieder »sensationelle« Diäten geben.

Ich für mich habe beschlossen: Nö. Ich mach das nicht mehr mit. Sollen es doch die anderen. Wenn ich abnehmen will, dann nehme ich ab, und dann zähle ich schlichtweg Kalorien, weil man das dann muss, verdammt und zugenäht. Alles andere lasse ich links liegen. Ich werde mich nicht mehr mit diesem ganzen Krempel beschäftigen, da völlig unnötig, sondern einzig darüber lachen, wenn jemand mal wieder was »ganz Neues zum Abnehmen« auf den Markt bringt (siehe auch: Papain-Kapseln).

Fehler, aus denen man mit 50 endlich gelernt hat

»Du musst mal wieder unter Leute«

Jede Frau (wenn nicht auch jeder Mann) in meinem Alter wird diesen Satz kennen, behaupte ich jetzt mal, es sei denn, sie oder er ist hauptberuflich ein DJ oder leitet ein Hotel.

Ich weiß es noch, als sei es vor 30 Jahren gewesen, dabei ist es schon 35 Jahre her: Miri und ich mit 17, wie wir dem Wochenende entgegenfieberten. Ab Freitagabend war Party angesagt. Mit der letzten Bahn ging es von Oberursel nach Frankfurt, vor dort aus ins Vogue, ins UNO, ins Cooky's und später, mit irgendwelchen Leuten, die ein Auto hatten, in die legendäre Flughafendisco Dorian Gray. Im Gray tanzten wir durch bis um zehn Uhr morgens. Dann heim, geschlafen, und am Samstag und Sonntag dasselbe Spiel. Am Montag waren wir dann topfit! Herrlich war das! Wir haben sogar unter der Woche die Nächte durchgemacht, haben uns die Zähne geputzt und sind anschließend in die Schule gegangen. Einfach so. Als sei eine durchgemachte Nacht gar nichts.

Mittlerweile sind wir am liebsten zu Hause. Ich bin gern zu Hause, ich mache es mir muckelig und kuschelig; im Sommer sitze ich sehr gern mit einem Kaltgetränk herum und im Winter mit einem Rotwein. Ich vermisse nichts. Keine Menschen, keine Konzerte, kein »Hallo, du auch hier?«. Ich will abends einfach meine Ruhe haben.

Das bedeutet nicht, dass ich sozial gesehen ein gestrauchelter Mensch bin, der sich nicht mehr unterhalten kann und wirr reagiert, wenn er auf andere trifft. Nein. Aber ich finde es schön, daheim zu sein. Ich mag dieses »Du musst doch auch mal unter Leute gehen« nicht mehr hören. Warum soll ich unter Leute gehen, wenn ich lieber zu Hause bin? »Na, um Leute kennenzulernen.« Nö. Mir geht es doch wunderbar. Ich bin in einem Alter, in dem ich nicht zwingend Leute kennenlernen muss, um glücklich zu sein. Leute kennenlernen heißt, sich zu engagieren und zu unterhalten. Klar kann man einen Abend mit Fremden verbringen, leider ist es aber, das habe ich im Lauf meiner Lebensjahre gelernt, zu 98 Prozent so, dass andere nur von sich erzählen. Na ja, und dann geht man nach Hause und sieht den oder die nie wieder. Vielleicht doch, auf dem nächsten Event, aber dann geht es wieder von vorne los.

Small Talk ist eine Minute lang interessant für mich, anschließend nicht mehr. Ich weiß noch, dass ich einmal auf einer Party stand und mich mit einem Mann über Sauerkraut unterhielt. Er redete ununterbrochen über Sauerkraut; er hatte die alten irdenen Töpfe seiner Großmutter geerbt und machte sein Sauerkraut nun selbst, das sei ein Sauerkraut, da könne das Sauerkraut aus der Dose nicht mithalten. Auf das richtige Händchen käme es an, das habe nicht jeder. Ich sagte: »Ich mache mein Sauerkraut auch selbst, ich habe ein altes Familienrezept.« Er reagierte überhaupt nicht, sondern erzählte mir, dass seine Frau gemeint habe, sein Sauerkraut könne einen Preis gewinnen. Ich sagte: »Ich blute aus den Augen«, und er lachte und sagte, er brauche nichts anderes mehr als Sauerkraut. Ich ging weg, und er redete einfach weiter. Eine Stunde später traf ich ihn wieder, und er sagte: »Hallo, ich bin Micha. Ich mache mein Sauerkraut selbst.« Ich war kurz davor, mir ein Messer zu nehmen und seine Stimmbänder zu durchtrennen.

Solche Leute gibt's häufig (immer häufiger?). Nur ich, ich, ich.

Brauch ich nicht. Möchte ich nicht. Bringt mir nichts. Es ist so herrlich, wenn man älter wird: Lächelnd kann man das zugeben, weil man schon so viel erlebt hat.

Natürlich kann man entgegenhalten und sagen: »Ja, aber vielleicht wird ja eine Freundschaft draus.« Gut möglich. Aber das hätte zur Folge, dass Zeit investiert werden muss. Ich bin der Ansicht, dass Freundschaft Interesse am anderen und Arbeit bedeutet. Beides erfordert viel Investition, und ich bin dazu nur noch bedingt bereit. Miri kenne ich seit der Grundschule, und seitdem sind wir die besten Freundinnen, und so wie es aussieht, wird das auch so bleiben, bis wir beide mit den Köpfen wackeln. Man kann es gar nicht oft genug sagen.

Zurück zum Eigentlichen: Ich gehe nicht mehr so gerne weg wie früher. Ich fühle mich wohl in meinen eigenen vier Wänden, ich muss mich nicht umziehen, kann das tun, was ich will, was mir Spaß macht.

Wieso sollte ich dann »mal wieder weggehen«? Mir missfällt der Unterton, mit dem das oft gesagt wird, es klingt nach: »Was ist denn los mit ihr?« Es ist nicht so, dass ich überhaupt nicht mehr weggehe, aber ich möchte selbst entscheiden, wann ich das mache. Ich erinnere mich an einige Situationen, in denen ich mich habe überreden lassen, »mal wieder unter Leute zu gehen«:

Ein erstes Beispiel: Winter. Minusgrade. Ab ungefähr 16 Uhr war es dunkel, und es war ein Donnerstag. Ich mag Donnerstage, weil der darauffolgende Tag ein Freitag ist. Ich bin außer mit meinem Mann noch mit unserem Netflix-Abo verheiratet, und das gern. Mein Mann war auf Dienstreise, und ich freute mich auf die Serie *Outlander*, die tollen Verfilmungen nach den Romanen von Diana Gabaldon, und war des Weiteren im Besitz eines neuen Rosenblütenschaumbads, das vor dem Fernsehen zum Einsatz kommen sollte. Ich lag in der Wanne und war kurz davor, mich abzutrocknen und meinen Pyjama anzuziehen, als das Telefon klingelte. Meine Bekannte Jessica war dran und fragte, ob ich mit zur Ausstellungseröffnung irgendeines Künstlers komme. Ich sagte dreimal Nein und dann Ja, weil ich keine Kraft mehr hatte, Nein zu sagen. Statt Pyjama zog ich Jeans und Pullover an.

Wenn ich etwas hasse, und das meine ich ernst, dann sind es so Haiopeis, die auf Vernissagen stehen, Kanapees verkonsumieren und sich irre ernst nehmen und sich wichtig über eine tote grüne Hummel auf rotem Hintergrund unterhalten (»Die tote Hummel zeigt uns, dass wir Raubbau mit der Natur betreiben.« – »Die Hummel lebt. Sie stellt sich nur tot, um uns wachzurütteln, Bobo Maketusa, der Künstler, will uns eine Botschaft senden. Wenn es keine Hummeln mehr gibt, stirbt der Mensch.« – »Der rote Hintergrund schreit um Hilfe. Der Mensch muss was tun. Das Grün wiederum zeigt Hoffnung, aber warum?«)

Plötzlich fragte mich ein Mann mit (natürlich) schwarzer Hornbrille und Zopf: »Haben Sie nicht auch das Gefühl, dass die Hummel in Ihrem Körper herumfliegt, wenn Sie auf das Bild schauen? Die Intensität dieses Grüns, es lässt mich erbeben.«

Ich sagte: »Ich sehe nur ein grünes Insekt, ich kann

noch nicht mal mit Sicherheit sagen, dass es eine Hummel sein soll. Es könnte auch eine Biene sein.«

»Bobo wird entsetzt sein, wenn er das hört«, sagte der Hornbrillenträger und schwebte davon.

Ich dachte an *Outlander* und mein Sofa. Man bekam immer nur ein Tröpfchen Sekt nachgegossen, weil man ja nicht zum Trinken hier war, und alle Gespräche drehten sich um die Hummel, Bobo Maketusa oder wie der Maler auch immer hieß. Die gesamte Veranstaltung troff vor Selbstbeweihräucherung. Und nicht wenig Arroganz war mit dabei.

Dann kam ein Typ vom Catering und verteilte Neues zum Essen, und ich – sehr hungrig – aß, ohne zu schauen, was es war. Meine rechte Kontaktlinse sprang aus dem Auge, weil ich auf eine rote Chilischote, die mit Wasabi ummantelt war, gebissen hatte. Als jemand erklärte, dass der Künstler mit aller Schärfe auf die Weltproblematik hinweisen wolle, ging ich. Ich musste mir ein Taxi nehmen, weil meine Linse irgendwo auf dem Boden der Galerie lag und ich nicht mehr Auto fahren konnte (in meinem Führerschein steht, dass ich beim Fahren geeignete Sehhilfen tragen muss). Jessica blieb noch, fasziniert von Bobo und all den Worthelden und Schaumschlägern. Ich ärgerte mich das ganze Wochenende darüber, dass ich einen Donnerstagabend so verplempert hatte. Es. Bringt. Mir. Meistens. Nichts. Es ist nun mal so. Ich bin nicht gemacht für Herumgestehe, bei dem sich überaus intelligent präsentiert. Und ich finde, niemand sollte das sein, wenn er nicht will. Also lehne ich mich zurück und mache das, worauf ich Lust habe, und das kann auch mal gar nichts sein. Wunderbar ist das!

Zwei Beispiel: Frühling. Hafengeburtstag Hamburg. Mein Mann sagt immer, dass ein Hamburger nicht zum

Hafengeburtstag geht, aber wir ließen uns von neu zugezogenen Nachbarn überreden, sie zu begleiten. Nie wieder werde ich auf den Hafengeburtstag gehen. Es ist furchtbar, entsetzlich und grausam. Man latscht durch Bierlachen, wird angerempelt, beklaut und mit viel Glück nicht vollgereihert. Warum, frage ich mich, tut man sich das an? Oder lässt sich das antun? Ich bin nun in der kommoden Situation, milde zu lächeln, wenn jemand sagt: »Oh, eine Großveranstaltung, nichts wie hin.« Ich lehne mich zurück und bleibe zu Hause. Mit trockenen Klamotten und unbeklaut. Wie schön! Und wenn dann alle ankommen und jammern, wie schlimm es war, lächle ich gütig und milde, verkneife mit ein »Ich hab es doch gleich gesagt« und frage, ob jemand duschen will. Ach, ich bin doch ein guter Mensch! Und so weise.

Dinge, die ich nicht mehr sagen werde

Ganz ehrlich, wenn ich alles tue, was mir immer so geraten wird, dann:

1. Bin ich bald tot, weil ich mich immer zu lange in der Sonne aufhalte und deshalb Hautkrebs bekomme.
2. Bin ich bald tot, weil ich immer zu kurz in der Sonne bin und an Vitamin-D-Mangel sterbe.
3. Bin ich bald sehr krank, weil ich zu wenig Wasser trinke und meine Nieren zu schrumpfen beginnen.
4. Bin ich bald sehr krank, weil mein Körper mit der Wasserzufuhr von drei Litern am Tag nicht mehr klarkommt.

5. Gehöre ich nirgendwo mehr dazu, weil ich kein Smartphone besitze. Ich kann aufgrund dieser Tatsache zwar nicht Smartphone-süchtig werden, aber irre planlos durch die Gegend laufen, weil ich mit nichts mehr klarkomme, weil nämlich alle außer mir ein Smartphone haben und ich komisch angeschaut werde, wenn ich mich verfahre, anhalte und nach dem Weg frage. Ich werde dann auch nicht rückenkrank, weil ich die typische Smartphone-Haltung nicht einnehme, und meine Wirbel werden sich auch nicht verformen, ich werde aber merkwürdig angeschaut, weil ich Wischbewegungen nur mache, wenn etwas getropft hat oder Staub auf dem Tisch liegt. Und diese Wischbewegungen mache ich noch nicht mal cool, sondern hausfraulich gewissenhaft.

6. Habe ich bald überhaupt keine Bekannten mehr (ich kann gut mit mir allein sein, wie ich schon erwähnte, aber ich möchte mir das noch aussuchen können), gar niemanden, weil ich immer und bei allem sofort »Nein!« rufe, weil man ja Nein sagen soll, um Grenzen zu ziehen, sich abzugrenzen, sich Respekt zu verschaffen und was weiß ich.

Ich weiß noch genau, wie ich mich mit diesem Nein-Thema beschäftigte, es ist ein paar Jahre her: An einem Freitagnachmittag saß ich da, der Abend nahte, und ich hatte am Wochenende nichts vor. Das ist jetzt nicht die Hammergeschichte, weil ich damals erst langsam anfing, es gut zu finden, nicht zwingend unter Leute zu gehen. An diesem Abend aber brachte mich diese noch recht neue Situation zum Nachdenken, zumal ich kurz zuvor eine klassische Ja-Sagerin war. Aber was hatte mich zu dieser gemacht? Mir fiel einiges dazu ein.

Um vier Uhr morgens bin ich einmal bei Blitzeis zum Flughafen gefahren, um ein befreundetes Pärchen abzuholen, das auf Mauritius auf einen Steinfisch getreten war und deswegen nicht mit dem Taxi fahren konnte, Letzteres kann ich bis heute nicht nachvollziehen.

Ich verlieh mein Auto an eine Kollegin, die Zugfahren hasste wie die Pest: »Die essen da alle hart gekochte Eier und Zwiebelmettbrötchen. Der Geruch macht mich kirre.« Mein Wagen hatte nach der Rückgabe zwei Kratzer und fast keinen Diesel mehr im Tank. Dann sagte sie noch, darauf angesprochen: »Die Diesel-Fahrzeuge werden sowieso irgendwann verboten.« (Offenbar eine Hellseherin, in Hamburg ist mittlerweile ein Straßenabschnitt für bestimmte Dieselfahrzeuge gesperrt.) Aber das sind auch so Sätze, da könnte ich … nun gut.

Merkwürdig war auch: Hatte *ich* mal ein Anliegen, konnten diese Leute *nie* helfen. Anfragen bei diversen Menschen, denen ich zusammengerechnet schon Wochen meines Lebens zur Verfügung gestanden hatte, liefen so ab: »Echt, der Elektriker kam nicht? Blöd. Da musst du mal schauen, wie du das hinkriegst. Ich habe gerade keine Zeit. Ach so, kannst du am Wochenende auf Benni aufpassen?« Benni war der dreijährige Sohn, der zwei Dinge grundsätzlich nicht umsetzen konnte: gehorchen und schlafen.

Letztlich hat dann mein alter Freund Lutz die Elektrik bei mir auf Vordermann gebracht. Er und seine Frau, meine Freundin Hanna, sind wirklich hilfsbereit. Bei denen sagte ich übrigens auch nie Nein.

»Es ist nicht zu fassen, wie du dich ausnutzen lässt. Es wird immer schlimmer«, sagte Hanna einmal, und Susi, die auch dabei war, eine Freundin seit 30 Jahren, die inzwischen in Hannover wohnte, nickte. »Merkst du das denn nicht?«

»Ja, ich sage zu oft Ja«, gab ich dann zu. »Ich bin eben so höflich.«

Sie verdrehten die Augen.

Und dann schenkten sie mir dieses Buch. Irgendwas mit *Tipps zum Nein-Sagen. Sie müssen auch an sich denken.* Ich fing sofort an zu lesen.

Es war ein Dienstag, als ich zum ersten Mal Nein sagte. Ich weigerte mich, mit Horst, dem Nymphensittich einer Kollegin, zum Tierarzt zu fahren. »So kenne ich dich ja gar nicht«, sagte sie erstaunt, und Horst machte im Hintergrund vorwurfsvolle Geräusche. Und so ging es weiter.

Während ich das Nein-Sagen übte, reparierte Lutz meine defekte Waschmaschine und Susi sortierte wie immer die Unterlagen für meine Einkommensteuererklärung.

Ich sagte Neinneinnein. Ich wurde richtig süchtig danach. Auch als eine Nachbarin hochkam und mich bat, auf die demenzkranke Mutter aufzupassen, die bei ihr wohnte.

»Nein.«

»Ich muss ins Krankenhaus. Meine kleine Tochter hat sich mit kochender Milch übergossen.«

»Nein.«

»BITTE!«

Ich blieb stur.

Irgendwann mussten die Leute doch merken, dass die Ja-Zeiten vorbei waren!

Sie merkten es auch. Kaum einer rief mich noch an.

Dann meldete sich Hanna bei mir und fragte, ob ich ihr bei ihren Geburtstagsvorbereitungen helfen könnte. Sie hatte sich den rechten Arm verstaucht.

»Nein«, leierte ich giftig herunter. »Diese Zeiten sind vorbei.«

»So«, sagte Hanna. »Langsam glaub ich, dass es losgeht. Wie oft haben wir dir schon geholfen? Du übertreibst. Du siehst nicht, wer es gut mit dir meint und wer nicht.« Sie knallte den Hörer auf.

Ich war bockig. Sollte sie ihren Geburtstag doch alleine feiern.

Ich rief Susi an, warum, kann ich nicht mehr sagen. Sie war auf dem Weg zu einem Seminar in Hamburg. Früher hätte ich ihr angeboten, bei mir zu übernachten. Aber damit war es vorbei! Ich war ja kein Hotel! Dabei hatte sie gar nicht gefragt. Früher war es nur selbstverständlich gewesen, dass sie in einer solchen Situation bei mir wohnte, aber das hatte ich in diesem Moment nicht gemerkt.

Und dann war da dieser Freitag, ich hockte da und hatte an diesem Wochenende nichts vor.

Woran lag das?

Die Antwort lag auf der Hand: Niemand hatte mich gefragt, ob ich an der einen oder anderen Unternehmung teilnehmen will. Und vielleicht hatte ich bei den falschen Menschen ein paarmal zu oft Nein gesagt.

Ich ließ die letzten Wochen Revue passieren und stellte Folgendes fest: Die, bei denen ich nicht Gewehr bei Fuß stand, hatten schnell gemerkt, dass bei mir nichts mehr zu holen war. Augenblicklich waren sie fort, meldeten sich nicht mehr. Das waren auch die, die nie etwas für mich getan hatten.

Neben ihnen gab es die wenigen anderen.

Hanna, Lutz und Susi. Und das waren die Menschen, die immer da waren. Ohne groß nachzufragen.

Das waren die, für die es selbstverständlich war, zu helfen und Hilfe anzunehmen.

Da war nichts einseitig.

An diesem Freitag stellte ich fest: Ich hatte mich mit zu vielen Energieräubern umgeben und dabei übersehen, dass es Menschen gab, die man Freunde nannte.

Nein-Sagen ist gut, aber nicht grundsätzlich. Geht man einmal in sich, merkt man ziemlich schnell, ob Menschen es ehrlich meinen oder nicht. Oft will man es aber nicht wahrhaben, was ein wenig hinderlich ist. Aber die, die es wirklich gut mit einem meinen, die sollte man nicht mehr gehen lassen. Und für diese Menschen auch etwas tun.

Damals fragte ich mich: Wer würde da sein, wenn es mir wirklich richtig dreckig gehen sollte? Wer?

Mir gingen fast nur Namen durch den Kopf, die *nicht* da sein würden. Einzig ein paar wenige Namen wollten mir einfallen. Und diese Menschen sollen auch in meinem Leben bleiben. Zu den anderen sagte und sage ich weiter Nein und nie mehr Ja.

Aber ich sage nicht mehr automatisch Nein. Das Abwägen ist wichtig, das kommt auch erst, wenn man älter wird. Ich bin froh, dass ich einige Menschen habe, auf die ich mich verlassen kann. Früher wäre ich überhaupt nicht auf den Gedanken gekommen, nicht Ja zu sagen, mittlerweile komme ich nicht mehr auf den Gedanken, grundsätzlich Nein zu sagen. Zu den Leuten, die es wert sind, sage ich gern Ja. Es ist wirklich schön, wenn man das irgendwann lernt. Mit 20 ist man nicht so. Das bringen die Jahre mit sich.

Ich werde nicht mehr »Ich rege mich auf« sagen, wenn es sinnlos ist

Wir alle kennen das: Man wartet auf eine wichtige Lieferung, ein Paket, und bleibt zu Hause, weil das online mit der Wunschzustellung und mit dem Wunschnachbarn sowieso nicht klappt. Also hockt man da und wartet, geht höchstens mal bei offener Badezimmertür duschen, um dann – meist klingelt es ja, wenn man duscht oder auf dem Klo sitzt – halb nackt und tropfend den Türsummer zu betätigen. Doch zu 99 Prozent ist es so, dass keiner klingelt. Stattdessen finde ich im Briefkasten eine Benachrichtigungskarte vor, auf der steht, dass man mich leider nicht zu Hause angetroffen habe. Das Paket könne ich am nächsten Tag ab 13 Uhr in der Filiale 208 abholen.

Jahrelang machte mich das rasend. Natürlich auch deshalb, weil ich die Paketboten durchschaut habe. Leichte, handliche Pakete werden nämlich immer ausgeliefert. Schwere Lieferungen, beispielsweise Weinflaschen, möchte keiner durchs Treppenhaus buckeln. Selbstverständlich ist es für die Paketboten viel einfacher, zu behaupten, sie hätten mich nicht angetroffen, anstatt bei 30 Grad Celsius im Schatten Weißwein die Treppen nach oben zu schleppen. Mehrfach habe ich bei der Post angerufen und Beschwerde-E-Mails geschrieben, und was hat es genützt? Nichts.

Dann habe ich beschlossen, mich nicht mehr darüber zu ärgern, denn im Grunde kann man den Paketboten ja verstehen. Mal ganz ehrlich: Würden wir es nicht hin und wieder genauso machen? Eben.

Es ist so schön, sich nicht mehr aufzuregen, so schön! Und das ist prima am Älterwerden: diese wundervolle

Gelassenheit, mit der man einfach Ärger wegwischt, indem man beschließt, ihn gar nicht an sich herankommen zu lassen.

Das gilt auch für Papiertaschentücher. Ja, richtig gelesen. Mein Mann ist nicht zu belehren, was das angeht. Jahrelang habe ich nicht die blöden Taschentücher, sondern ihn zusammengefaltet, wenn er in jeder Hosentasche, die er finden konnte, zusammengeknüllte Papiertaschentücher hortete. Die habe ich dann mitgewaschen, und das auch nur, weil ich zu stolz war, die Taschen auszuleeren. Es war also noch nicht einmal so, dass ich nicht daran gedacht hätte. Nein. Ich ließ sie in den Taschen, weil ich bescheuert war. Wer schon mal diese Dinger mitgewaschen hat, weiß, wovon ich spreche: Die Wäsche sieht hinterher aus, als sei sie mit fest anhaftendem Schnee gewaschen worden, und es ist unfassbar mühselig, die kleinen Taschentuchfitzelchen von Hosen und anderen Kleidungsstücken abzubekommen. Man kriegt auch nie alle ab, man flucht, man hasst Männer und überlegt sich, was man in dieser Taschentuchfusselwegmachzeit hätte Schönes machen können.

Jedes Mal ist es das Gleiche:

Ich: »Du hast schon wieder deine Hosentaschen nicht ausgeleert, und ich habe die Taschentücher mitgewaschen.«

Er: »Ich leere die Taschen nie aus.«

Ich: »Ich will aber, dass du sie ausleerst. Damit ich die blöden Taschentücher nicht mitwasche.«

Er: »Dann leer du sie doch aus.«

Ich: »Das ist das Allerletzte. Wieso soll ich denn deine Taschen ausleeren?«

Er: »Weil ich sie nicht ausleere.«

Ich: »Warum denn nicht?«

Er: »Weil ich es vergesse.«

Ich: »Das ist doch doof.«

Er: »Wie gesagt, dann leer du sie doch aus.«

Und so weiter und so weiter. Es waren sinnfreie, unbefriedigende Diskussionen, die Ärger gebracht haben und sonst nichts. Er beließ es dabei, leerte weiterhin seine Hosentaschen nicht aus.

Und heute: Ich ärgere mich nicht mehr, sondern leere geradezu automatisch die Taschen aus. Ich schwöre: Als ich das zum ersten Mal gemacht habe, kam ich mir vor wie jemand, der etwas ganz, ganz Heroisches tut. Dann wusch ich die Wäsche, nichts haftete an den Klamotten, und ich wartete nur darauf, dass mein Mann sagte: »Was ist los? Du lamentierst ja gar nicht mehr endlos über die Papiertaschentücher.« Aber es kam nichts. Er verlor nie ein Wort darüber. Daran konnte ich erkennen, wie wenig Gedanken er sich über dieses Thema gemacht hatte. Während ich wie eine Furie über diese blöden Dinger gewettert habe. Wie dämlich.

Ich. Leere. Die. Taschen. Aus.

Und Ruhe im Karton. Und ich bin deswegen nicht weniger wert.

Man kann sich sein eigenes Leben vergrätzen mit dieser idiotischen Aufregerei über Sachen, die man nicht ändern kann. Es ist doch viel schöner, sich stattdessen in dieser Zeit über etwas zu freuen.

Suche ich zum Beispiel einen Parkplatz – dazu muss ich sagen, dass in unserem Wohngebiet ein Parkplatz so etwas wie ein Lottogewinn ist – und stelle fest, dass ein Pinneberger sein Auto so ungeschickt geparkt hat, dass er damit dreieinhalb Plätze belegt hat (Fahrer mit dem »PI«-Kennzeichen sind berühmt für ihre außergewöhnliche Kreativität), ärgere ich mich nicht mehr, sondern ich lächle. Ich freue mich, dass ich nicht in Pinneberg wohne und keinen erbsmetallicfarbenen Ascona mit dem möglichen Kennzeichen PI-PI fahre. Ich kurve um die nächste Ecke und suche mir einen anderen Parkplatz. Selbst wenn der Ascona-Fahrer in diesem Moment zu seinem Auto zurückkehrt und ich die Möglichkeit hätte, ihn anzupesten, ganz ehrlich: Was würde es nützen? Er würde in neun von zehn Fällen zurückpesten, weil die meisten Menschen leider so gestrickt sind, dass sie ungern ein Missgeschick zugeben.

Womit wir beim nächsten Thema wären: Ich möchte nämlich so gern nicht mehr »Jetzt reg dich doch nicht so auf« zu meinem Mann sagen müssen. Aus einem einfachen Grund: Es nervt mich entsetzlich. Es nervt mich, dass er (nachdem *ich* mich ja nun nicht mehr aufrege) sich furchtbar über Menschen und Gegebenheiten aufregt, die ihm gegen den Strich gehen. Ich bin sicher, viele Frauen werden bei den folgenden Beispielen nicken:

Da haben wir wieder einmal das allseits bekannte Thema Auto. Ich fahre also mit meinem Mann auf der Autobahn. Er sitzt hinter dem Steuer, ich bin Beifahrerin. Ein Mensch in einem anderen Wagen fährt vor uns, und zwar auf der linken Spur. Er fährt langsam, unter der vorgeschriebenen Geschwindigkeit.

Mein Mann signalisiert mit der Lichthupe, dass der andere Platz machen soll. Er flucht, schlägt aufs Lenkrad, brüllt, dass es sich bei dem vor ihm fahrenden Subjekt mit Sicherheit um einen Schwachkopf und/oder einen Vollidioten handelt. Wenn »das Subjekt« sich dann endlich dazu bequemt (natürlich ohne den Blinker zu setzen, was meinen Mann zusätzlich wahnsinnig macht), rechts rüberzufahren, dreht mein Mann weiterhin durch, weil er trotzdem nicht überholen kann. Denn seit einer Viertelstunde überholt ein Laster den nächsten und blockiert die Mittelspur.

Schließlich sind alle Lkws vorbeigedonnert. Jetzt fährt mein Mann nicht etwa zügig, jubelnd und gut gelaunt an seinem ehemaligen Hindernis vorbei, sondern drosselt die Geschwindigkeit so, dass wir neben dem »Subjekt« fahren. Er gestikuliert wild, macht merkwürdige Zeichen und stößt Sätze aus, die ich gar nicht wiederholen mag. Ich hocke quasi dazwischen und wünsche mir nichts mehr, als dass sich unter mir der Boden auftut, weil mir das so unangenehm ist. Ich bin ja näher an dem anderen Fahrer dran. Ist dieser ein Mann, schreit der (alles durch geschlossene Fensterscheiben) zurück, sitzt da eine Frau hinter dem Steuer, lacht sie meinen Mann meistens an, was ihn noch mehr zur Weißglut treibt.

Kein einziger Autofahrer, der mal rechts rübergefahren ist, weil er verpennt hat, rechts rüberzufahren und erst nach langen Lichthupen aufwacht, wird folgende Sätze denken: Ich bin ein schlechter Mensch. Ich habe den nachfolgenden Fahrer genötigt, indem ich auf der ganz linken Spur geblieben bin, und das dauerhaft. Ich muss büßen, ich böser, böser Zeitgenosse. Ja, brüll mich an, beschimpfe mich in Fäkalsprache, ich habe es verdient. Nie mehr, ich schwöre es, werde ich so etwas Schlimmes tun. Noch meinen Enkelkindern werde ich von dem Mann im schwarzen Volvo erzählen, der mich Demut und Erkenntnis gelehrt und mir gezeigt hat, wie richtiges Autofahren geht.«

Nein, jeder wird ungefähr denken: Kann dieser Giftzwockel nicht einfach mal die Klappe halten? Oder, wenn er einen guten Tag hat: Meine Güte, der soll sich nicht so anstellen, es ist doch nix passiert. Um dann weiterzufahren und meinen Mann zu vergessen, während der sich noch minutenlang wie ein Springteufel gebärdet und Herzrasen bekommt.

Ein anderes Beispiel: Mit einem Partner im Supermarkt einkaufen zu gehen kann sehr nett sein. Man schlendert gemeinsam durch die Gänge und plant ein Abendessen, sucht Zutaten aus und freut sich auf einen guten Wein. Mit meinem Mann ist ein Besuch im Supermarkt eine Art russisches Roulette. Man weiß nie, ob gleich Köpfe rollen werden. Es fängt schon im Eingangsbereich an. Nimmt man ein Körbchen oder einen Einkaufswagen? Der Einkaufswagen bringt ihn schon in die richtige Stimmung: Frech, dass man da einen Euro reinstecken muss, die sind nur zu faul, die Wagen wieder zusammenzusuchen. Und augenblicklich geht es weiter: Die Preise für die Passionsfrüchte sind ebenfalls »eine Frechheit«, und der Supermarkt lockt mit Sonderangeboten, um die Kunden dazu zu verleiten, auch die teuren Sachen zu kaufen (ach was!). Die Frau an der Wursttheke schneidet nie hundert Gramm Kassler ab, sondern immer 20 Gramm mehr (weil der Supermarkt mehr verkaufen will, ach was!). Und können die mal eine dritte Kasse aufmachen, die sehen doch, dass da Kunden stehen und die Schlangen länger und länger werden. Aber nein, da wird natürlich gespart. Und wer leidet drunter? Genau, der kleine Mann.

Besonders anstrengend kann es werden, wenn mein Mann neue Kleidung braucht. Dann geht er nicht alleine los, sondern ich muss mit. Natürlich nicht samstags, das wäre für ihn der Horror, aber das erwähnte ich schon, aber Gott ist mein Zeuge, wenn ich sage, dass es auch sonst der Horror ist. Mein Mann benimmt sich schlimmer als das schlimmste Weib, nölt und meckert herum.

Die Umkleidekabine, in der er steht, ist selbstverständlich viel zu klein für ihn, und ich muss hin und her springen und die Hose in einer helleren, dunkleren oder gar keiner Farbe bringen. Kommt ein Verkäufer und will freundlich helfen, wird mein Mann zu einem bösen Fisch und macht sein Steinbeißer-Gesicht, weil Verkäufer ja verkaufen wollen und ihm hundertprozentig etwas viel zu Teures andrehen möchten. Nicht schön ist es auch, wenn mein Mann einen viel zu kleinen Pulli anprobiert, um dann zu keifen, dass die Hersteller die viel zu eng fertigen, und überhaupt, in der Kleidungsindustrie herrschen mafiöse Strukturen.

Über solche und viele andere Dinge echauffiert sich mein Mann, und ich habe in solchen Momenten immer gebetsmühlenartig »Jetzt reg dich doch nicht schon wieder so auf« von mir gegeben – und mich dann irgendwann selbst darüber erregt. Völlig schwachsinnig. Vor einiger Zeit habe ich mir dann überlegt, dass es sinnlos ist, das zu sagen, und noch sinnloser, mit ihm darüber zu diskutieren. Er wird es nicht lassen, genauso wenig wird er das mit den Papiertaschentüchern lassen oder sich merken, wie die Waschmaschine funktioniert.

Und ich – sage nichts mehr. Seitdem ich das mache, geht es mir besser. Nichts sagen kann so befreiend sein. Wenn man nichts sagt, gibt es keine Diskussionen, keinen Streit, es gibt – nichts. Soll er sich doch über 120 Gramm Kassler aufregen und über Verkäufer, die angeblich extra enge Pullis bringen – ich werde nicht mehr sagen, dass er sich nicht aufregen soll. Es ist seine Sache. Seine Aufregung. Und nicht meine. Wundervoll!

Ich werde nicht mehr »Erzähl doch mal« sagen, wenn mich nicht interessiert, was der andere zu erzählen hat

Höflichkeit ist wichtig und gut. Unhöfliche Menschen sind mir nicht sympathisch. Ich finde es geradezu erschreckend, wie manche Leute miteinander umgehen.

Von mir selbst darf ich behaupten, dass ich ein durchaus höflicher Mensch bin. Ich weiß, was sich gehört, helfe einem Mütterlein über die Straße und drängle mich an der Kasse nicht vor. Ich sage Bitte und Danke, bin durchaus interessiert an meiner Umwelt und anderen Menschen und möchte viel wissen, denn über mich selbst weiß ich ja viel, wenn auch nicht alles. Jahrzehntelang war ich sogar selbstlos höflich, das heißt, ich habe mir das Leid oder die Meinungen oder die (unsinnigen) Geschichten von anderen angehört. Ich habe viel erfahren, was ich gar nicht wissen wollte. Man erzählte mir von Menschen oder Tieren, die ich nicht kannte, weil sie auf einem anderen Kontinent lebten. Ich wurde gefragt, ob ich es nicht auch unmöglich fände, dass Robert wegen seines Hustens nicht zum Arzt geht, und ich bekam zu hören, dass die goldene Hochzeit von Tante Inge in Osnabrück so langweilig war, weil ... Blablabla.

Nicht mehr mit mir! Ich ärgere mich sehr über mich selbst, und zwar darüber, dass ich nicht schon viel früher die Bremse gezogen habe. Das ist etwas, was man unbedingt lernen sollte, und nicht erst mit 50.

Nichts sagen. Erstens macht man sich damit interessant, und zweitens geht man auf diese Weise keine Verpflichtungen ein. Man fordert sein Gegenüber auch nicht dazu auf, dieses oder jenes zum Besten zu geben. Wer nichts sagt, schweigt, und das kann unfassbar helfen. Ist man allerdings derart doof, wie ich es jahrzehntelang war, geht das so:

Sie: »Puuuuuuuuh, das war ein anstrengender Tag.«
Ich: »Echt, erzähl mal.«
Sie: »Also, erst mal hab ich morgens im Stau gestanden, und dann hab ich an der Tankstelle gemerkt, dass ich mein Portemonnaie vergessen habe. Und dann war das den ganzen Tag sooo heiß, die Maus hat regelrecht an meinen Fingern geklebt. Meine Kollegen haben überlegt, Eis zu holen, aber ich dachte, diese ganzen Kalorien, so eine Kugel Schokoladeneis hat es ja in sich, na ja, dann hab ich Zitrone genommen, du, das ist so schnell geschmolzen, so schnell konnte ich gar nicht essen.«
Ich: »Ja, es ist wirklich ziemlich heiß heute. Du, Vera hatte doch diesen Verdacht auf Meningitis wegen des Zeckenbisses, da kamen heute die Ergebnisse von der Blutuntersuchung, und …«
Sie: »Das Eis hat *so* getropft, also hab ich es runtergeschlungen, dann ist mir natürlich total schlecht geworden. Danach hab ich den Fehler gemacht und hab Kirschsaft getrunken – hast du schon mal Kirschsaft getrunken, nachdem du Eis gegessen hast? Ich sag dir, mir ist noch zehnmal übler geworden, und morgen soll es ja genauso heiß oder sogar noch heißer werden, ich muss nachher mal den Wetterbericht hören, vielleicht nehme ich mir einen Tag Urlaub und fahr einfach ins Freibad, das kann man ja mal machen, wobei das ist auch nicht das Gelbe vom Ei, da ist es nämlich bestimmt total voll und …«

Ich: Laufe als lebende Fackel neben ihr her/verliere Gliedmaßen im Gehen/spucke Aliens – ohne dass sie auch nur irgendetwas merkt.

Man kann aber auch so vorgehen:

Sie: »Puuuuuuuuh, das war ein anstrengender Tag.«
Ich: »...«
Sie: »So anstrengend.«
Ich: »...«
Sie: »...«
Herrlich!

Anderes Beispiel:

Er: »Ich lerne gerade für den Sportbootführerschein.«
Ich: »Wahnsinn? Erzähl mal.«
Er: »Das ist irre viel Stoff, man muss wissen, wer auf dem Wasser Vorfahrt hat, und man muss die ganzen Schifffahrtszeichen kennen und die Flaggenzeichen und die Tafelzeichen und die Schallsignale und die Sichtzeichen und die Gebotszeichen, und auf dem Nord-Ostsee-Kanal gelten andere Regeln, da wird auch gar nicht in Seemeilen gemessen, und dann muss man Seekarten lesen können und Tiefdruckgebiete erkennen, und es gibt die Guilbert-Großmann-Regel, weißt du, nach der Regel zieht ein Tief häufig binnen vierundzwanzig Stunden an die Stätte des vorangegangenen Zwischenhochs und umgekehrt, und beim Durchzug einer Zyklonenfamilie ...«

Die Alternative:

Er: »Ich lerne gerade für den Sportbootführerschein.«
Ich: »...«
Er: »...«

Meine Güte, ist das toll! Der Schwachsinn, den man sich anhören muss, nimmt prozentual rapide ab. Warum bin ich erst jetzt darauf gekommen? Wer nichts sagt, sagt: »Lass mich in Ruhe, es interessiert mich nicht.« Und man zieht eine Grenze, ohne erklären zu müssen, dass man eine Grenze zieht. Nichts sagen kann lauter sein als mancher geschriene Satz!

Man muss noch nicht mal »Interessiert mich nicht« sagen, denn das Nichtssagen kapiert jeder. Na gut, auch hier gibt es Ausnahmen, besonders selbstbezogene Menschen merken das nicht immer, hier empfehle ich, einfach wegzugehen oder zu sagen: »Es interessiert mich nicht.«

Wenn das Gegenüber aber merkt, dass man nichts von dem ganzen Sermon hören will, und fragt: »Das interessiert dich wohl nicht?«, dann sollte man bloß nicht antworten: »Doch, doch, entschuldige bitte, dass ich so desinteressiert wirke. Erzähl, erzähl!«

Bitte, das nie tun. Stattdessen: »Du hast recht. Es interessiert mich nicht.«

Bäm. Und gut ist.

Ich kann nur immer wieder betonen, dass es wundervoll ist, sich nur das anzuhören, was man sich anhören möchte.

Ist das nicht schön, dass man das wenigstens ab 50 noch lernt? Mittlerweile sage ich so oft gar nichts mehr, dass einige Menschen schon versucht haben, mit mir in

Gebärdensprache zu kommunizieren. Ich werde einen goldenen Mittelweg finden, denn ich will mir definitiv nicht mehr den ganzen uninteressanten Krempel anhören – nur, wenn ich möchte! Jawollja.

Ich werde nicht mehr »Klar mach ich das« sagen, wenn ich vorher weiß, dass es schrecklich wird

Wo wir gerade so schön dabei sind mit der Aufräumerei: »Klar mach ich das« ist auch ein Satz, der mir nur noch äußerst selten über die Lippen kommt. Und dafür gibt's einen guten Grund. Folgende Situationen haben mich gelehrt, dass es *nie* gut ist, a) vorschnell »klar« zu sagen, und b) manchmal auch nicht gut ist, gar nicht »klar« zu sagen:

Vor einiger Zeit bekam ich die Anfrage, eine Lesung zu halten. Da das nun auch zu meinem Job gehört, habe ich mich erst mal gefreut. Die Lesung sollte in einem kleinen Ort in Mecklenburg-Vorpommern stattfinden, und der Buchhändler schickte mir die Eckdaten: Es täte ihm leid, er habe nicht so viel Geld, um Honorare zahlen zu können, aber er würde so gern seinen Kunden etwas bieten, also wäre es doch bestimmt völlig in Ordnung für mich, die Reisekosten selbst zu übernehmen, er würde mir dann pro verkaufter Eintrittskarte zwei Euro geben, und übernachten könne ich, weil es im Ort kein Hotel gäbe, bei seinen Eltern im Wohnzimmer auf dem Schlafsofa, das sei doch sicher kein Problem. Ach, dachte ich, der arme Buchhändler, man muss sich doch gegenseitig helfen, und es ist ja süß, dass er seinen Kunden was bieten möchte. Und wie nett, dass er mir so vertraut, dass er mich bei seinen Eltern schlafen lässt, ganz reizend. Also habe ich »klar« gesagt.

Der Vorverkauf verlief schleppend, weil der nette Buchhändler kein Geld für Plakate und auch keine Homepage hatte, und die selbst gemalten Zettel, auf denen das Datum der Lesung stand, wurden nicht so beachtet wie erhofft. Ich suchte mir dann eine Zugverbindung heraus und stellte fest, dass es in dem Ort überhaupt keinen Bahnhof gab und ich dreimal umsteigen und dann noch den letzten Bus in das kleine Örtchen erwischen musste. Die Anreise dauerte mit Umsteigen und Wartezeit und Busfahrt gut sieben Stunden, und am nächsten Tag – es war ein Samstag – noch länger, weil es da keine Busverbindung zum nächstgelegenen Bahnhof gab und die Züge seltener fuhren. Als ich feststellte, dass ich zwei Arbeitstage nur mit An- und Abreise beschäftigt sein würde und dazu einen Samstag im Sommer vergeigte, bekam ich schlechte Laune und bereute es, »klar« gesagt zu haben. Der Buchhändler rief an und meinte, nun seien Karten verkauft, es würde losgehen. Nachdem er mir aber mitteilte, genau zwei Karten seien verkauft, war meine Stimmung auf dem Nullpunkt angelangt.

Der Buchhändler hoffte auf die Abendkasse, da würde immer noch viel gehen. Täglich wurde meine Lust auf diese Veranstaltung geringer, und mein heroisches »Ich tue etwas Gutes« wich einem »Wie konnte ich nur so blöd sein, das ist wirtschaftlich der letzte Quatsch«.

An einem Freitag fuhr ich also los, erreichte alle Anschlusszüge, einzig der letzte hatte wegen einer kaputten Weiche Verspätung. So verpasste ich den letzten Bus ins

Örtchen. Der Buchhändler konnte mich nicht abholen, weil er die Bestuhlung beaufsichtigen musste. Es seien aber nur fünf Kilometer, meinte er. Diese fünf Kilometer bin ich dann gelaufen, weil es nur ein Taxi in der Gegend gab und der Taxifahrer sich einen Splitter unter den Daumennagel getrieben hatte und beim Arzt saß. Das erzählte mir eine ältere Dame, die am Straßenrand Gemüse verkaufte.

Ich möchte nicht ausschweifen, deshalb mache ich es kurz: Ich trabte also die fünf Kilometer mit meinem Rollkoffer durch die Walachei; in den Rollen verhedderten sich kleine Steinchen, sodass er am Schluss nicht mehr rollte. Dann kam ich in der Buchhandlung an, um mir anzuhören, dass die beiden verkauften Karten gerade wieder zurückgegeben worden seien, weil eine der Frauen schwanger war und Angst hatte, dass die Wehen während der Lesung einsetzen könnten. Ich verbrachte den Abend mit dem Buchhändler in einer Gaststätte, in der geraucht werden durfte. Meine Augen tränten, ich aß ein Schnitzel und musste mir anhören, wie schwierig der Buchhandel mittlerweile sei. Nein, er hat mich nicht zu dem Schnitzel eingeladen. Das Sofa im Wohnzimmer seiner Eltern war ein Sessel für Kleinwüchsige, und der Vater litt an Pseudokrupp und hustete die ganze Nacht, dass das Haus wackelte. Völlig gerädert fuhr ich am nächsten Tag nach Hause, diesmal mit dem Taxi zum Bahnhof, wenigstens das.

Ich hätte kotzen können. Ich schwor mir, so etwas niemals mehr zu machen, mir vorher alles sehr gut zu überlegen. Leider vergaß ich das immer wieder, noch ein paarmal tappte ich in solch bekloppte Situationen. Heute aber, nach meinem 50. Geburtstag, weiß ich:

Ich werde nie mehr ein Klassentreffen besuchen. Nie

wieder werde ich »Klar komm ich« sagen und dann monatelang denken: Ach du Scheiße, Babsi Rütter ist bestimmt auch da und sieht noch genauso geil aus wie damals, als alle Jungs nach ihr gehechelt haben. Und dann komme ich Mops dazu und mach auf Pausenclown, so wie damals, anstatt edel und vornehm und dünn dazustehen und mir den gekühlten Champagner reichen zu lassen – so wie Babsi Rütter. Was dann am Ende genauso passierte.

Ich werde es mir zehnmal überlegen, ob ich die Urlaubsbekannten, die auf dem Grillplatz sooo nett waren, mit ihren drei Kindern, die sooo süß am Strand gespielt haben, für vier Tage beherberge, weil sie in Hamburg auf einer Hochzeit eingeladen sind.

Inzwischen kann ich nämlich jubilierend rufen: »Ich habe das gelernt! Danke, Lebenserfahrung, dass du mich gelehrt hast, dass ich nicht zu allem ›klar‹ sage, weil ich weiß, dass es nur doof wird!« Und selbst wenn mir irgendwelche Leute erzählen wollen, ich könnte ja sonst was verpassen, ich habe da meine eigene Meinung. Ich kenne mich mittlerweile so gut, dass ich weiß, was mir eine Sache wert ist und wen ich in meiner Wohnung haben möchte. Und ich weiß, dass ich mich auf Klassentreffen nicht wohlfühle. Und dass ich das weiß, das mag ich an mir. Dieses Wissen, das das Alter einem gibt. HURRA!

Ich werde nie mehr sagen »Für mich nur ein stilles Wasser bitte« – es sei denn, ich habe Magenprobleme oder es gibt keine Alternative

Und auch sonst möchte ich nicht leben wie ein Asket.

Meine Oma hat immer gesagt: »Lieber mit achtzig geplatzt als mit neunzig vertrocknet«, und sich danach noch einen Kröver Nacktarsch eingegossen und dabei gekichert. Selbstredend sollte man ihre Aussage nicht allzu wörtlich nehmen, aber etwas Wahres ist schon dran. Das Leben ist mit einem gut gekühlten Wein einfach schöner, da kann man mir hundertmal mit Kalorien und Zuckergehalt und was weiß ich kommen. Das ist mir alles bekannt. Ich sehe auch schon die warnenden Zeigefinger nach oben schnellen und heftig wedeln. Aber das ist mir egal, und das hier soll kein Aufruf zum Alkoholismus sein, sondern nur meine Einstellung wiedergeben: Ich liebe das Leben mit einem guten Getränk. Ich liebe es, mit meinem Mann abends im Sommer auf dem Balkon oder in einem Boot zu sitzen, um einen perfekt temperierten Gin Tonic mit Limettensaft oder einen eisgekühlten Weißwein zu mir zu nehmen. Ich liebe es, im Winter im Pyjama vor dem Fernseher zu sitzen, einen Film zu schauen und dabei einen wohltemperierten Rotwein zu trinken. Beim Kochen und Backen trinke ich gern einen Crémant. Nein, für mich kein stilles Wasser. Ich habe das mal ein paar Monate durchgezogen. Nur schwarzen Kaffee, Kräutertee und stilles Wasser. Ja, sicher: Ohne Alkohol leben wir gesünder, wir nehmen keine überflüssigen Kalorien zu uns, wir schlafen angeblich tiefer, und am nächsten Morgen geht es uns viel besser. Kann ich so nicht unterschreiben. Ich sage ja nicht, dass ich mich jeden Tag betrinken muss. Aber ich lasse mir meinen Wein oder meine Drinks nicht nehmen.

Ich möchte Alkohol nicht verherrlichen, ich weiß, dass es Abhängigkeit und Co-Abhängigkeit gibt. Darum geht es aber gerade nicht. Ich habe ein schönes Zusammensitzen im Sinn, keineswegs möchte ich die Kontrolle über mich verlieren und am nächsten Tag aufwachen, ohne zu wissen, wem ich eine schlimme SMS geschrieben habe.

Ich möchte Alkohol genießen können, ohne dass ich giftig beäugt werde, nur weil ich nicht mit einem stillen Wasser dahocke. Ist das der Fall, dann stehe ich auf und gehe. Weiß ich das vorher, dann gehe ich da gar nicht erst hin. Warum? Ich lasse mir nämlich nicht mehr den Abend verderben, und das ist überhaupt nicht zickig gemeint.

Ich bin jetzt in einem Alter, in dem ich selbst entscheide, was ich trinke und wann und warum und wie viel. Dafür habe ich echt lange gebrauch, weil Alkohol ein Tabuthema ist und meist mit was Schlechtem in Verbindung gebracht wird – eine Tatsache, die ich nicht so recht verstehe. Es gibt so viele schlechte Dinge, doch immer wird nur auf Zigaretten und Alkohol herumgehackt. Was ist mit Snickers, mit Chips, mit bösen Kohlenhydraten? Nein, nichts ist so schlimm wie Zigaretten und Alkohol.

Ich rauche nicht mehr. Aber nicht, weil mir Leute gesagt haben, ich soll damit aufhören, es sei schädlich – ich wusste und weiß selbst, dass Rauchen schädlich ist. Ich habe aufgehört, weil ich mich nicht mehr damit wohlgefühlt habe, und auch aus Bequemlichkeit. Das Nichtrauchergesetz kam, und man musste draußen im Regen stehen, wollte man rauchen. Am Flughafen stand ich gedemütigt in Glaskästen, in Restaurants fand ich es ungemütlich, dauernd »'tschuldigung, kann ich mal durch« zu sagen, wenn man zum Rauchen nach draußen wollte. Meine Güte.

Ich weiß nicht, was ich machen würde, sollte das mit dem Wein nun auch so anfangen. Bis dahin jedenfalls möchte ich trinken, was ich möchte, mich damit gut fühlen und zufrieden sein.

Endlich bin ich dieses Rechtfertigungsgefühl los. Ständig dieses »Ja, ich trinke nur ein Glas« oder »Ich hatte einen anstrengenden Tag, deswegen will ich jetzt ein Bier«. Es war in der Tat kurz nach meinem 50. Geburtstag, als ich dachte: Wieso erkläre ich eigentlich, was ich tue? Es geht niemanden etwas an, solange ich nicht randaliere oder jemanden belästige. Könnte ich bitte noch einen Weißwein bekommen? Danke.

Einfach mal in Ruhe lassen

»Nein«, sagte mein Mann an einem Samstagmorgen vor Weihnachten. »Eher hacke ich mir die Füße ab, dann kann ich nicht mehr gehen.«

Eine drastische Maßnahme, egal, bei was, sollte man nun meinen, und es kam, wie es kommen musste: Es gab Streit darüber, ob man am letzten Samstag vor Heiligabend in die Stadt zum Einkaufen fahren soll oder nicht.

Mir machen Menschenmassen nichts aus. Ich kann stundenlang diverse Jacken und Pullover anprobieren und darüber sinnieren, welches Geschenk man für Patenkind, Sohn, Tochter und Schwager besorgen könnte. Was man noch wissen muss: Ich bin kein Freund leichter Entscheidungen. Es kann dauern. Mir machen Warteschlangen nichts aus, ich bin geduldig, bis eine Umkleidekabine frei wird. Mein Mann ist leider das komplette Gegenteil von mir. Er empfindet Muss-Einkäufe grundsätzlich als Verletzung des Persönlichkeitsrechts und kann es nicht ertragen, wenn sich ihm Leute in den Weg stellen. Er flippt aus, wenn vor ihm an der Kasse eine ältere, parkinsonkranke Dame versucht, trotz vergessener Lesebrille, einen Betrag von 74 Euro und 68 Cent passend zu bezahlen. Und er findet die Luft in Geschäften grundsätzlich unzumutbar. Kurzum: Es ist eine Freude, mit meinem Mann in die Stadt zu gehen.

Ich war wie fast jede Frau: Ich versuchte ihn umzuerziehen, und das ist das Dämlichste, was eine Frau machen kann. Wenn man mit einer Trennung liebäugelt, sollte man das tun, aber nicht zum Erhalt einer Beziehung. Ich weiß nicht, wie viele Streitigkeiten es gab, als er dann doch irgendwann mitkam und miesepetrig und muffig alles schlechtredete und schließlich völlig erschöpft in einem Schuhgeschäft eindöste.

Kurze Zeit später betrachtete ich eine Fotoserie: Männer, die von ihren Frauen zum Einkaufen mitgenommen wurden. Man sah unterschiedliche Männer in diversen Geschäften, sitzend oder stehend, und alle sahen aus, als würden sie gefoltert. Damals dachte ich: Mein Mann sieht genauso aus. Will ich das? Nee, will ich nicht. Was hab ich denn von einem schlecht gelaunten Mann? Eben, nix. Männer zu irgendwas zu zwingen, was man auch gut alleine machen kann, ist völlig schwachsinnig. Also habe ich mich hingesetzt und nachgedacht. Das Ergebnis: Ich möchte einen gut gelaunten, fröhlichen Mann und keinen, der froh ist, wenn ich nicht in seiner Nähe bin, weil ich für ihn merkwürdige Sachen einfordere. Was bringt es mir, meinen Willen durchzusetzen? Es ist doch viel netter, wenn er zufrieden ist, dann kann ich es doch auch sein. Folgendes werde ich also nicht mehr fordern:

1. Er muss samstags nicht mehr mit mir in die Stadt zum Einkaufen.
2. Er muss sowieso nicht mit zum Einkaufen, wenn er nicht will. Schuhe kann ich alleine kaufen. Pullis auch.
3. Ich werde sonntags nicht mehr sagen: »O schau, die Sonne scheint. Lass uns einen Spaziergang machen, wir sind viel zu selten an der frischen Luft«, wenn in fünf Minuten Formel I anfängt.
4. Ich sage dann auch nicht: »Es ist asozial, tagsüber den Fernseher anzuschalten«, weil ich weiß, dass Formel I kein Fernsehen, sondern ein Ereignis ist.
5. Ich werde nicht davon anfangen, ab sofort fettärmer zu kochen, wenn ich ihm gestern noch Bratwurst mit Kartoffelstampf und Buttersee versprochen habe.
6. Ich werde überhaupt meinem Mann nie seine Bratwurst verwehren. Das sollte übrigens keine Frau tun. Lasst ihm die Bratwurst.

So. Und schon hat er gute Laune, und ich muss nie mehr ein mürrisches Gesicht sehen. (Na gut, vielleicht nicht nie mehr, aber es wird sich reduzieren.)

Im Grunde sind Männer einfach gestrickte Wesen, das ist wirklich so. Deshalb sage ich heute und an dieser Stelle allen Frauen, vor allen den jüngeren: Versucht nicht, an ihnen herumzudoktern, lasst sie im Kern so, wie sie sind. Natürlich sollen sie sich einbringen und ihren Beitrag leisten und so weiter, aber es hat bislang nie etwas gebracht, sie formen und verändern zu wollen – außer Ärger.

Ich weiß noch sehr genau, wie es bei uns zu Hause war: Mein Vater hat für seine Jagd gelebt und war in jeder freien Minute im Wald. Meine Mutter hat erst mitgezogen, aber recht schnell gemerkt, dass die Jagd und der Ansitz und das stundenlange Warten, ob da jetzt ein kapitaler Zwölfender um die Ecke kommt, nichts für sie ist. Also ist sie nicht mehr mitgegangen und hat lieber aus dem erlegten Wild leckere Gerichte gezaubert, was sie hervorragend konnte. Eigentlich eine wundervolle Symbiose nach klassischer Rezeptur: Der Mann jagt, die Frau macht den Braten. Aber nein, meine Mutter machte meinem Vater die Jagd madig. Die doofe, blöde, überflüssige Jagd. Ich habe das bis heute nicht verstanden.

Vieles zwischen Mann und Frau kann so einfach sein. Klar, von Medien und Coaches und was weiß ich bekommt man immer wieder erklärt, wie kompliziert es ist, und ich sage dann gern: Na klar, wenn es banal wäre, bräuchte ich keinen Coach und kein Lebenshilfe-Magazin.

Es geht hier wirklich nicht um Pauschalisierungen. Aber wenn man ein bisschen in sich geht und überlegt, wie man es sich selbst einfacher machen kann, wird man bald begreifen, dass der erste Schritt dazu darin besteht, es dem Mann einfacher zu machen.

Er ist so schnell dankbar und zufrieden. Ich weiß noch, als ich das erste Mal dachte: Nein, ich lass ihn jetzt Formel 1 gucken. Und das dann auch nicht weiter kommentierte. Und nicht nur das. Ich machte ihm Bratwurst, brachte ihm ein Bier, und er war im siebten Himmel. Ich übertreibe jetzt wirklich nicht. Dann setzte ich mich auf den Balkon und las ein Buch. Ich war draußen, so wie ich es gewollt hatte. Schon waren beide zufrieden.

Nie wieder fange ich noch mal mit diesem »Du musst,

du musst ...« an. Nein. Das habe ich gelernt. Und mach mich locker.

Ich sehe die Dinge viel gelassener, und manchmal frage ich mich, wieso ich das nicht schon früher gemacht habe. Echt jetzt.

Ich schau mir das (nicht mehr) länger an

Tu Gutes und rede darüber, war bis neulich nicht so mein Thema. Aber Letztens dachte ich: Ich muss helfen, ich muss was tun! Ein junger Mensch rennt gerade in sein Unglück. Durch meine Lebenserfahrung und meine Aufmerksamkeit werde ich ihm helfen, nicht auf die schiefe Bahn zu geraten. Natürlich dachte ich auch, wie ich es schon oft gehört hatte: Ach, die jungen Leute, die müssen ihre eigenen Erfahrungen machen und auch mal auf die Schnauze fallen.«

Aber ist das so richtig? Soll man jemanden sehenden Auges in sein Unglück rennen lassen? Nicht mit mir. Ich bin jetzt über 50, dachte ich, da tue ich was und sehe nicht weg. Ich meinte es wirklich gut. Ganz sicher. Was war geschehen? Ich beobachtete den 15-jährigen Sohn einer Nachbarin dabei, wie er rauchend auf dem Balkon stand. Und es war ein Joint! Der Junge kiffte. Das ist erst mal nichts Außergewöhnliches, viele junge Leute probieren sich aus, machen die dümmsten Dinge. Aber dieser Nachbarssohn war ein Ausbund von »ich bin ein netter Junge«. Er half älteren Frauen beim Tragen ihrer Einkäufe, er spielte Blockflöte (gut, da muss man sich auch Sorgen machen), auch war er ein Musterschüler – seit seinem achten Geburtstag stand fest, dass er Staatsanwalt werden wollte. Was sollte ich tun? Wegsehen, wie so viele Menschen? Nein. Ich dachte: Ich will nicht schuld daran sein, wenn er eines Tages auf der Straße landet und um Heroin bettelt, und das nur, weil ich meine Klappe nicht aufgemacht habe. Früher habe ich gern mal weggeschaut, nach dem Motto »Geht mich nichts an, gar nichts«. Mit über 50 geht das nicht mehr. Ich bin jetzt erwachsen, da sieht man hin, da greift man ein, das unterstützt man.

Zunächst wartete ich ab. Am nächsten Tag das gleiche Spiel. Am übernächsten Tag ebenso. Es wurde schlimmer. Während er kiffte, gab er nun merkwürdige Laute von sich, wiederholte sich, redete weiter, gestikulierte, schaute arrogant vom Balkon herab wie Nero auf seine Untertanen. Befand er sich möglicherweise schon in einer Art Delirium? Ich war schockiert. Was tun?

Ich rief bei einer Drogenberatung an und fragte, was ich machen soll. Eine Frau mit Doppelnamen nahm die Daten auf und riet mir, die Eltern zu verständigen. Ich bin also rübergegangen, habe geklingelt, und seine Mutter öffnete mir die Tür, fröhlich und gut gelaunt. Wir hätten uns ja lange nicht gesehen, begann sie, und da klingelte auch schon das Telefon. Natürlich, die Frau von der Drogenberatung war dran, woraufhin meine Nachbarin nicht mehr ganz so gute Laune hatte. Nein, sie brauche kein Beratungsgespräch, nein, ihr Sohn sei nicht verhaltensauffällig, nein, bei ihnen seien die Verhältnisse geordnet. Sie legte auf und sah mich nun böse an.

Was ich denn da angerichtet hätte? Wie, Jonas würde kiffen? Ob ich denn völlig verrückt geworden sei, bei so einer Beratungsstelle anzurufen. Jonas übe für seine Schauspielgruppe. Das Leben von Helmut Schmidt solle aufgeführt werden, und ihr Sohn spiele »den Helmut«. Das seien keine Joints, sondern Kräuterzigaretten, und sie, Frau Knopf, wolle ungern den Geruch der Dinger in der Wohnung haben, deshalb. Mir war das sehr unangenehm.

Trotzdem finde ich es grundsätzlich absolut richtig, hinzuschauen, und das nicht erst ab 50. Ich meine, Jonas hätte doch wirklich kiffen können, und was, wenn er straffällig geworden wäre? Nur weil ich nichts gesagt hatte!

Damit will ich nicht sagen, dass es unsere Aufgabe sein soll, uns um unsere Nachbarn zu kümmern, wenn wir das nicht wollen. Aber wir sollten hinsehen und handeln, wenn wir es für nötig halten.

Seit der Geschichte mit Jonas handle ich nicht mehr vorschnell, sondern schaue mir die Situation erst mal an, gucke aber trotzdem hin. Das gilt nicht nur für Nachbarn. Hier zwei beispielhafte Situationen, in denen ich zur Abwechslung mal was richtig gemacht habe (finde ich):

Dass G. ein Mistkäfer ist, hatte ich von Anfang an gespürt, hatte aber nie etwas gesagt. G. ist der langjährige Partner einer Freundin. Ich weiß nicht, woher sie ihre devote Ader hat, beide Eltern sind Strafverteidiger und knallhart. Tatsache aber ist, dass diese Freundin nicht mehr alle Latten am Zaun hat, seit sie mit G. zusammen ist, diesem Schwachkopf.

Er findet sich toll und sagt das auch jedem, der das nicht hören will. G. war oft auf Geschäftsreise, und meine Vermutung hatte sich eines Abends in der Hotelbar, in der ich nach einer Lesung saß und mich dämlich und sozial gestrauchelt fühlte, weil ich da allein hockte, bewahrheitet: Er ging fremd. Er hockte da mit einer vollbusigen Tussi, die dauernd dämlich lachte (sie selbst würde es wahrscheinlich als perlend bezeichnen), die beiden knutschten und aßen in Knutschpausen Nüsschen aus einer Chromschale, um dann irgendwann aufs Zimmer zu verschwinden. Sie hatten mich nicht entdeckt.

Ich habe nachgedacht und wirklich nicht vorschnell reagiert. Aber: Ja. Ich habe es meiner Freundin gesagt. Und es fühlte sich richtig an. Ich hätte es ihr auch gesagt, wenn ich G. gemocht hätte und er anders gewesen wäre. Davon abgesehen, dass es sich richtig angefühlt hatte (und ich von G. mit allen möglichen Adjektiven und Fäkalausdrücken beschimpft wurde, was mich jedoch nicht weiter störte), war es, wie mir meine Freundin später erzählte, für sie befreiend gewesen, endlich konnte sie sich ihrer Leugnungsglocke, wie sie es nannte, entledigen. Es war wie so oft: Geahnt hatte sie es schon lange, aber bis sie es wahrhaben wollte, dauerte es.

Sie war nicht sauer auf mich – man ist in solchen Situationen ja gern mal der Depp –, sondern dankbar, weil sie verstanden hatte, wieso ich das gemacht habe: Ich kenne sie gut und wusste ganz genau, es würde ewig so weitergehen und sie immer unglücklicher werden.

Das habe ich auch erst spät gelernt: Risiken einzugehen, wenn man die Wahrheit sagt und die Klappe aufmacht. Unter anderem das Risiko, dass sie sich von mir distanziert hätte.

Es *hätte* nach hinten losgehen können, aber ich konnte nicht länger hinschauen, wie sie immer unglücklicher wurde und dabei sagte: »Aber im Grunde ist er doch ein guter Mann.«

G. ist dann aus der gemeinsamen Wohnung ausgezogen und hasst mich. Ich hasse ihn nicht, sondern freue mich für meine Freundin, der es seitdem besser geht.

Gut, in diesem Fall hatte ich Glück, es ist zu meinen Gunsten ausgegangen. Ich hatte auch schon andere Situationen, in denen ich die Klappe aufgerissen habe, und danach hatte ich einen Bekannten weniger. Aber dann ist das eben so. Ich denke, es ist auch wichtig, wie es einem selbst dabei geht. Hält eine Freundschaft oder Bekanntschaft das nicht aus, liegt da noch mehr im Argen. Und ist es für mein Gewissen schlecht, etwas nicht zu sagen, was anderen letztlich schaden kann, fühlt sich das für mich nicht gesund an.

Das betrifft aber nicht nur notorische Fremdgeher. Genauso gibt es Situationen im Job, die man nicht schweigend übergehen sollte. Wie lange hatte meine junge Nachbarin überlegt, ob sie die Tätigkeit weitermachen soll, wie oft hatte sie am Montagmorgen Magenschmerzen, wie oft hat sie sich in die Redaktion geschleppt, die alle nur noch als Straflager bezeichneten, nachdem der neue Vorgesetzte da war. Und ich bin bis heute froh, dass ich ihr geraten habe zu gehen. Genau das Gleiche hatte ich nämlich auch mal durchgemacht, und ich weiß, dass das Gefühl, das in einem hochsteigt, wenn man endlich nicht mehr zu diesem Ort hinmuss, mit nichts zu vergleichen ist. Befreiend. Bei mir war es zwar kein neuer Vorgesetzter, sondern neidische Kolleginnen, die mir mein zweites berufliches Standbein nicht gegönnt hatten. Wir hatten zunächst sehr viel Spaß, hatten uns auch privat getroffen, doch dann ging es los mit dem Mobbing. Ich wurde ausgegrenzt. Viel zu lange wartete ich, bis ich es ansprach. Natürlich wurde die ganze Sache abgestritten, und irgendwann war ich selbst so weit, dass ich dachte, ich sei irre und würde mir das alles nur einbilden. Tat ich aber nicht.

Ich wurde nicht mehr gefragt, ob ich mittags mit ihnen Essen bestellen wolle, man redete nicht mehr mit mir, und ich verbrachte meine Mittagspausen allein auf dem Parkplatz in meinem Auto, aß ein zu Hause geschmiertes Käsebrot und heulte.

Nie wieder werde ich so lange warten, um ins Handeln zu kommen. Wenn ich heute sehe, dass etwas im Argen liegt, spreche ich das an. Ich hatte Magenschmerzen wie meine junge Nachbarin, dazu Albträume. Andererseits wollte ich es nicht wahrhaben, weil ich mir nicht vorstellen konnte, dass man so mit Menschen umging. So verhielt man sich nicht zu einer Kollegin, oder?

Doch, so etwas macht man. So geht man mit Menschen um. Es gibt Leute, die sind missgünstig und neidisch; das kann man wohl schwer ändern, nur: Niemand sollte unter ihnen leiden.

Es ist immer besser, selbst den Schlussstrich zu ziehen. Und schnell. Es wird nämlich nie besser, auch wenn man sich das einredet. Es wird immer nur schlimmer.

Und deswegen werde ich, wenn ich Derartiges bemerke, das offen kundtun. Mag es verfrüht erscheinen, mag ich möglicherweise als jemand hingestellt werden, der den Teufel an die Wand malt, ich tue es trotzdem. Und ja, ich finde das richtig, und ich bin froh, dass ich das mittlerweile so klar sehe! Danke, 50!

Keine Werbung, bitte

Ich hasse Werbung. Unentwegt wird man damit zugemüllt. Fast täglich bekomme ich Post von Kabel Deutschland oder Vodafone, ich soll von der Telekom zu ihnen wechseln, weil ihre Kabel besser sind, die Leitungen schneller und erst das Highspeed-Internet, einfach unschlagbar. Oder Mitarbeiter meines Handyanbieters rufen mich an, fassungslos darüber, dass ich noch einen uralten Vertrag habe, in dem nach Minuten und pro SMS abgerechnet wird. Sie wollen, dass ich auf einen Tarif mit Flatrate umsteige. Das will ich aber nicht, aber eigentlich will ich das doch, was zur Folge hat, dass ich mich in die unmöglichsten Situationen hineinmanövriere – und das nur, weil es diese Werbung gibt.

Folgendes, und das lege ich allen ans Herzen, sollte man nie tun: Vor einigen Jahren kündigte ich einen gut funktionierenden Vertrag bei der Telekom, weil es einen Anbieter mit einem Frauennamen gab, und der war sooo toll. Ich hatte bei der Telekom alles, ein Paket aus Festnetz und Internet, es klappte und lief wahnsinnig gut, dann buchte ich das neue Home Entertainment dazu und war froh. Ich konnte telefonieren, im Internet surfen und fernsehen. Dann kam die Werbung, und ich wurde ihr Opfer. Ich dachte, das kann alles noch besser werden. Und schon wechselte ich zu dem neuen Anbieter, der mir versprach, dass er sich auch um die Rufnummernmitnahme kümmern würde, alles würde man zu dem genannten Termin automatisch umschalten. Zudem hätte ich noch eine höhere Internetleistung, ich würde jubeln.

Am Stichtag passierte – nichts. Unser Router war nämlich überhaupt nicht auf diese Riesenleistung ausgelegt. Das Telefon funktionierte selbstverständlich auch nicht, weil ja alles über diese supertolle Informationstechnologie lief. Um es kurz zu machen: Wir hatten vier Wochen kein Telefon, kein Internet, kein Fernsehen. Bei dem Anbieter mit dem Frauennamen hing ich stundenlang in einer kostenpflichtigen Warteschleife und telefonierte mich mit meinem Handy arm. Nach vier Wochen funktionierte es endlich wieder – bei der Telekom. Ich habe mir geschworen, niemals wieder in Betracht zu ziehen, den Anbieter zu wechseln.

Warum auch? Wieso sollte man ändern, was klappt, nur um vier Euro im Monat zu sparen, die man ganz schnell wieder ausgegeben hat, weil die Servicenummer des neuen Anbieters eine kostenpflichtige ist, für die man ähnlich viel wie für Telefonsex bezahlt?

Bleiben, wo es gut ist – so einfach ist das.

Bei Stromanbietern ist es ähnlich. Die locken mit einem günstigeren Tarif und Ökostrom. Ich, noch nicht 50, kündigte meinen alten Stromvertrag in dem Bewusstsein, etwas Gutes für die Umwelt zu tun, außerdem sollte der Wechsel eine Ersparnis von jährlich 300 Euro bringen. Als das Geld für ein Jahr Strom im Voraus abgebucht wurde, ging der Anbieter pleite.

Diese Gier von uns Menschen, alles noch günstiger und besser haben zu wollen, hatte auch mich gepackt. Seitdem bin ich fast weise geworden: Ich gebe mich mit dem zufrieden, was man schon hat.

Es ist wirklich schlimm, wie rasch man Opfer wird, teilweise auch unwissend, denn Werbung arbeitet mit geschickten und gerissenen Methoden. Mittlerweile zwinge ich mich, Lockangebote ungelesen wegzuwerfen, bei Lockanrufen lege ich gleich auf, obwohl das unhöflich ist. Ich arbeite daran, mir nicht alles aufschwätzen zu lassen. Dafür habe ich einen guten Trick entwickelt, denn ich will nicht weiter auf irgendeinen Mist reinfallen. Im Supermarkt schaue ich mir die Sonderangebote erst einmal an, dann setze ich erst einmal meinen Weg fort. Und sollte mir die Offerte nicht aus dem Kopf gegangen sein, obwohl ich schon längst an der Käsetheke bin, kann ich immer noch zurückgehen und zugreifen. Eins davon. Nicht gleich das Zehnerpack. Auch das habe ich gern gemacht: Kostet im Angebot eine Flasche Gin zehn Euro, nehme ich zehn Flaschen, dann habe ich nämlich, wenn der Wacholderschnaps regulär 13,50 Euro kostet, 35 Euro gespart. Die Rechnung funktioniert aber so nicht. Ich habe die 100 Euro für den Gin trotzdem ausgegeben. Außerdem wird man komisch angeschaut, und einmal wurde ich sogar angesprochen, man würde es in diesem Supermarkt nicht gern sehen, dass jemand *nur* das Sonderangebot kaufe, schließlich sei das hier eine Mischkalkulation.

Also, was Werbung betrifft: Erst mal nachdenken, dann handeln. Und ja nicht das ändern, was gut ist. So doof wie ich war, will nämlich keiner sein. Hier die Top Five der sinnfreien Sachen, die ich mir vor meinem 50. Lebensjahr von der Werbung habe aufschwätzen lassen:

1. Eine Bananenschalenaufbewahrungsform in Form einer Banane.
2. Zehn Kilo Rinderhack zum sagenhaft günstigen Preis von fünf Euro pro Kilo – nur hatte ich nicht daran gedacht, dass mein Gefrierfach damals recht klein war. Die Folge: Ich kochte Bolognese-Soße für die ganze Straße.
3. »Nordseekrabbensalat zum letzten Mal günstig! Nur heute, nur hier!« So lautete die Botschaft, als Krabben teuer wurden. Ich erwarb ein Pfund Krabbensalat, obwohl ich ihn gar nicht mag.
4. Ein Schokoladenfondueset. So was Dämliches.
5. Streifen, die man sich auf die Nase kleben konnte. Angeblich zogen sie die Mitesser raus. Völliger Blödsinn. Mehr lässt sich dazu nicht sagen.

»Fehler? Ich glaub, du tickst nicht richtig!«

Es ist fast schon lustig, leider aber auch sehr traurig: Die wenigsten Menschen können Fehler zugeben. Sie stellen Fehler mit etwas ganz Schlimmem gleich, etwas, das einen angreifbar und zu einem schwachen Menschen macht. Ich war nicht anders. Ich habe mir völlig verschwurbeltes Zeugs ausgedacht, krampfhaft nach Ausreden gesucht, wie ich erklären kann, warum ich den Termin vergessen habe oder wieso ich in einer Feuerwehrausfahrt parke. Anstatt einen kranken Hund oder eine Blutvergiftung als Grund zu nennen, warum und weshalb ich etwas falsch gemacht habe, hätte ich genauso gut »Das war ein Fehler, tut mir leid« sagen können. Aber man kommt sich vermeintlich blöd vor, dabei ist es das Beste, was man tun kann, weil so alles gesagt ist und man nicht lügen muss. Es ist, ich weiß es aber auch erst seit Kurzem, richtig gut, diesen schlichten Satz zu äußern: »Entschuldigung, es tut mir leid.« Was, das frage ich mich heute, fand ich eigentlich all die Jahre so schlimm an ihm? Weil einem eingetrichtert wird, keine Fehler machen zu dürfen? Weil man überall – im Fernsehen, in Zeitschriften, im Netz – eine Perfektion sieht, in der Fehler keine Daseinsberechtigung haben?

Mit einem kleinen »Tut mir leid« spart man sich aber einen Rattenschwanz an Erklärungen und Ausführungen, bei denen man sich verzetteln könnte.

Einige Beispiele:

»Sie haben sich gerade vorgedrängelt.«

1. »Vorgedrängelt? Wie, vorgedrängelt? Äh, wenn Sie auch so komisch dastehen, dass man nicht weiß, ob

Sie jetzt anstehen oder nicht, ist das nicht mein Problem.«

2. »Entschuldigung, mein Fehler.«

»Sie parken vor meiner Einfahrt.«

1. »Was? Das ist aber auch wirklich schlecht ausgeschildert, also da müssen Sie das Schild mal so anbringen, dass man das auch richtig und sofort sieht. Also, das ist nicht mein Problem, wenn ich das nicht gleich sehe.«

2. »Entschuldigung, mein Fehler.«

»Können Sie wohl etwas zur Seite gehen, damit wir auch durchkönnen?«

1. »Das ist auch seltsam gemacht hier, da hätte der Architekt ja ruhig mal einen breiteren Durchgang machen können.«

2. »Entschuldigung, mein Fehler.«

An der Kasse: »Äh, der Inhalt des Gläschens, das Ihnen gerade runtergefallen ist, befindet sich jetzt auf meiner Hose.«

1. »Ja und? Da müssen Sie sich beim Herrn Hipp beschweren, ich kann nichts dafür, wenn die Gläschen immer noch aus richtigem Glas hergestellt werden.«

2. »Entschuldigung. Mein Fehler.«

Und fertig ist der Lack.

Manchmal sollte man auch andere auf Fehler hinweisen, ohne dass es klugscheißerisch wirkt. Ich persönlich freue mich, wenn man mich auf Fehler aufmerksam macht (oder machen würde, aber natürlich mache ich keine, haha). Gerade wenn es für andere peinlich wird, sollte man nicht schweigen.

Ich weiß beispielsweise nicht, wer in diesem gehobenen Hamburger Restaurant für das Schreiben der Speisekarte zuständig war, allerdings strotzte sie nur so vor Rechtschreibfehlern. Ich bin wirklich nicht spitzfindig, und ich finde Fehler auf Speisekarten chinesischer Restaurants völlig in Ordnung, wenn ich weiß, dass die Besitzer erst vor einiger Zeit hierhergezogen sind, aber in einem Restaurant, bei dem man drei Monate auf einen Tisch warten muss, in dem die Ober in Anzügen und mit ernstem Blick umherschweben und in dem die Aura von »Nur die Reichen können hier speisen« herumgeistert, da sollten die Gerichte schon korrekt geschrieben sein, zumal ein Süpplein gut und gerne 18 Euro kostet.

Nicht dass ich ständig in solche Restaurants gehe, aber ich habe einen Tick: Um abzuschalten, google ich manchmal nach Sternerestaurants und schaue mir die im Netz veröffentlichten Speisekarten an und – richtig! – suche nach Fehlern. Leider finde ich immer welche. In einem Landgasthof auf die Karte »ein Becher Mehl-Soße« zu schreiben und Cappuccino nur mit einem »p« oder »c«, ist ja ok, aber wer mit den großen Hunden pinkeln gehen will, sollte wissen, wie man's richtig macht. Ich werde nie vergessen, als ich schwarz auf weiß zu lesen bekam: »Austern aus der Bretanje« oder »Fo Grass«. Ich war so konsterniert, dass ich in diesem Restaurant anrief, um auf die Fehler hinzuweisen. Ich war mir sicher, ich würde abgewimmelt werden oder jemand würde sich herausreden. Aber was tat der Restaurantchef: Er hat sich bedankt und meinen Mann und mich als Dankeschön fürs Aufmerksammachen zu einem Drei-Gänge-Menü mit Weinbegleitung eingeladen. Das fand ich mal groß.

Aber ich schweife ab.

Fehler zuzugeben ist kein Problem, wirklich nicht. Und folgende Ausreden sollen mir nicht mehr zu Ohr kommen, denn dann geht's uns allen besser:

1. Die Bluse ist verfärbt? Da kann doch meine Reinigung nix dafür. Das ist eine Farbumkehrung.
2. Das kann gar nicht sein, dass die Kartoffeln roh sind. Aber wenn Sie Streit wollen, kann ich gern mal den Koch holen.
3. Ich kann nichts dafür, dass mein Hund Sie angesprungen und Ihre Hose dreckig gemacht hat. Wer trägt denn auch bei dem Wetter helle Kleidung?

Fazit: Weghören und nicht mehr aufregen.

»Immer für andere da sein« – das muss ich auch nicht immer

Es ist doch wahr: Manche Menschen sind die Mülleimer der Nation und werden zugetextet, als gäbe es kein Morgen mehr. Wie lange haben wir uns das bieten lassen? Also, vielleicht nicht alle, aber einige von uns bestimmt.

Ich bin jetzt in dem Alter, in dem ich meine Klappe aufmache und mir die Freiheit nehme, ein Gespräch vorzeitig zu beenden, wenn ich keinen Sinn darin sehe oder es mich schlicht und ergreifend so langweilt, dass ich fast einschlafe. Das ist ein gutes Recht – und nicht nur meins.

Davon einmal abgesehen, dass wir selbst entscheiden können, was wir tun, sollten wir, und hier meine ich wirklich die Frauen und nur die Frauen, uns frei machen von dieser antrainierten Höflichkeit, die uns nur Lebenszeit kostet und von der wir nichts haben.

Damit will ich nicht sagen, dass man nicht für andere da sein soll und Hilfsbereitschaft für mich ein Fremdwort ist. Aber alles mit Maß und Ziel. Ich selbst bin auch noch da. Und es gibt Unterschiede.

Ruft mich eine Freundin an, die vor einer Woche von ihrem Mann verlassen worden ist, höre ich selbstverständlich zu. Ich überlege gemeinsam mit ihr, warum, wieso, weshalb das passieren konnte. Ich leiste Beistand, tröste. Bespreche die nächsten Schritte. Helfe beim Umsetzen. Bin da. Ruft sie mich nach drei Monaten immer noch deswegen an, ohne dass sich in der Zwischenzeit etwas bei ihr geändert hat, dann mag ich ihr nicht mehr zuhören. In Selbstmitleid kann sie sich auch allein suhlen, und wenn sie keine Lust hat, ihr Leben anzupacken, ist das ihre Sache, aber dann ohne meine Hilfe. Ich kann mir nicht hundertfünfzigmal anhören: »Vielleicht kommt er ja doch noch zu mir zurück«, obwohl er mittlerweile bei der Geliebten wohnt, die mit Zwillingen schwanger ist. Und über Dritte hat man erfahren, dass das Ganze schon Jahre ging. Wenn das immer wieder von vorne losgeht, ohne dass sich etwas tut, außer dass der Anwalt des Mannes böse Briefe schreibt – tut mir leid, dann bin ich nicht mehr da. Es ist meine Entscheidung.

Ich bin eine gute Freundin. Und als eine solche habe ich auch das Recht zu sagen, wenn mir etwas nicht gefällt. Ich bin jetzt in einem Alter, in dem ich es mir leisten kann, Stopp zu sagen – es ist nicht das Wichtigste, andere nicht zu verletzen. Ich bin nicht länger die Mülltonne der Nation.

Auch folgende Situation werde ich nicht mehr tolerieren. Eine Kollegin rief nach Ewigkeiten an und jammerte: »Mir geht es gar nicht gut. Ich hab eine Schreibblockade, und auch sonst bin ich psychisch überhaupt nicht gut drauf. Können wir nicht mal gemeinsam etwas machen? Dann bin ich auch nicht mehr so allein. Auch bräuchte ich jemanden, der über meine Texte schaut. Und überhaupt, buhuuu …«

Das Schaf (ich) sagte: »Klar, komm vorbei, das mache ich doch gerne.«

Es stellte sich heraus, dass die Kollegin schon vor Ewigkeiten ihren Text hätte abgeben müssen. Letztlich habe ich mich mit ihr hingehockt, alles umgeschrieben und Neues dazugeschrieben. So trug es sich zu, dass sie zwei Wochen lang jeden Tag vorbeikam. Meine eigene Arbeit blieb selbstverständlich liegen, obwohl ich auch Termindruck hatte. Nebenbei musste ich mir noch anhören, wie schlimm alles sei, das Leben im Allgemeinen und grundsätzlich. Weil ich so ein Depp war, habe ich zugehört, genickt, gestreichelt und weiter an dem Text gearbeitet. Schön und gut, mag man nun denken, so eine gute Freundin muss man erst mal suchen. Ja.

Nach zwei Wochen habe ich aus den Ohren geblutet, aber der Text war fertig. Sie schickte das Manuskript an den Verlag, alle haben gejubelt, und sie hat ihre Sachen gepackt, die sie bei mir deponiert hatte. Ach so, ich habe vergessen zu erwähnen, dass ich täglich für ein leckeres Mittagessen gesorgt habe, und wer mein Essen kennt, weiß, wovon ich spreche.

So. Dann ging sie, und ich merkte, wie erschöpft ich war. Aber ich musste an meinem eigenen Manuskript weiterarbeiten, was ich dann auch tat, allerdings halbherzig, weil ich wirklich erschöpft war – aber das sagte ich ja bereits.

Abends las ich auf Facebook einen Post von ihr: »Hurra, wieder ein Manuskript abgegeben, juhu! Das wird gefeiert, aber wie!« Dazu gab es ein Foto von ihr mit Freundinnen und Kolleginnen, alle strahlten in die Kamera, hielten Sektgläser in Händen. Nein, ich war nicht mit drauf.

Ein halbes Jahr lang hörte ich nichts von ihr. Als sie sich dann wieder meldete, machte ich ihr klar, dass ich nie mehr etwas von ihr hören möchte. Danach habe ich mir geschworen, dass ich mich nie wieder so zum Deppen mache. Am meisten habe ich mich jedoch darüber geärgert, dass mir im Zuge dessen noch weitere dämliche Sachen einfielen, die ich mit mir hab machen lassen:

1. Ich bin die Generation, die noch mit Freunden aufgewachsen ist, die zur Bundeswehr oder den Zivildienst absolvieren mussten. Natürlich hatte keiner der Jungs in meiner Umgebung Lust, zur Bundeswehr zu gehen, schon gar nicht, nachdem der Erste von ihnen, der einberufen wurde, für sechs Wochen in den Bau musste. Grund dafür war folgender Dialog:
»Entschuldigen, wo geht's denn hier zur Anmeldung?«, fragte der Frischling.
»WAS? Wie sprechen Sie mich denn an? Sie reden mit einem Major/General/Was-weiß-ich-Blablaba!«
»Ja, und ich bin Captain Kirk von der *Enterprise*.«
Das hatte zur Folge, dass ich ins Spiel kam. Ich hatte schon immer eine ausschweifende Fantasie und schrieb für mein Leben gern. Und so kam ich auf die Idee, ein Verweigerungsschreiben fürs Kreiswehrersatzamt Eschborn zu formulieren. Maßgeschneidert für meine Freunde aus der Clique. Ohne mich jetzt selbst beweihräuchern zu wollen: Jedes einzelne

Schreiben ist anerkannt worden. Keiner von meinen Leuten musste zum Bund.

Und von keinem Einzigen habe ich jemals ein Dankeschön bekommen. Ich könnte jetzt noch explodieren, wenn ich nur daran denke, als es bei mir daheim klingelte und C. vorbeikam. Ich dachte, jetzt krieg ich Blumen oder einen Raider (diese Schokoriegel liebte ich damals). Aber C. sagte nur: »Ich hatte doch Bier mitgebracht, als du mir das geschrieben hast, ich wollte die Pfandflaschen abholen.«

2. Ich war stolze Besitzerin einer alten Bahnhofsuhr, die ich in einem heruntergekommenen Bahnhof auf dem Land gefunden hatte. Sie war groß, und ich lagerte sie im Keller, weil ich keine Verwendung für eine riesige alte Bahnhofsuhr hatte. Dann erstand eine Bekannte mit ihrem Mann einen Bauernhof, und sie war fortan heiß auf meine Bahnhofsuhr, die würde so super in die riesige Küche passen. Was auch stimmte. Aber ich wollte mich von meiner tollen Jugendstiluhr nicht trennen, obwohl ich nichts mit ihr anfangen konnte. Sie war so schön. Aber auch so groß. Hätte ich sie in meine Küche gestellt, hätte man die Küche nicht mehr benutzen können. Bei jedem Telefonat mit der Bekannten ging es um die Bahnhofsuhr, die angeblich wie gemacht für das Bauernhaus sei. Na ja, was soll ich sagen, an einem schönen Frühlingstag, es war ihr Geburtstag, lieh ich mir einen Anhänger, packte die Uhr drauf, fuhr aufs Land und schenkte sie ihr.

Ach, was war die Freude groß! Tränchen flossen, und die Uhr sah wirklich toll in der Küche aus. Drei Tage später rief sie mich an: »Du, sag mal, die geht ja falsch. Da muss jemand kommen und die neu einstellen. Das kostet was. Also, ich finde, das musst du bezahlen, man verschenkt keine defekten Sachen.«

Das hat sie gesagt.

Das sind so die Momente, in denen man das Gefühl hat, nicht richtig zu hören. Das will man auch nicht hören. Und ich wollte von ihr nichts mehr hören.

Das Furchtbare: Ganz kurz überlegte ich: Ach stimmt, man verschenkt ja auch nichts, was nicht geht … Stopp!

3. Während meiner Zeit beim Radio kam ich immer mal wieder in den Genuss von Freikarten, in diesem Fall für eine sauteure Pferdeveranstaltung in Frankfurt am Main. Anschließendes Meet & Greet mit den Reitern, Sektempfang und Büfett, für zwei Personen. Die Einzelkarte hätte 800 Mark oder so gekostet. Damals besaß ich auch ein Pferd, und eine Stallbekannte war völlig außer sich, als sie von der Veranstaltung hörte. Sie konnte sich eine so teure Karte nicht leisten, und dann habe ich sie mitgenommen. Wir fuhren in ihrem Auto nach Frankfurt und auch wieder zurück – und es war bombastisch. Als sie mich spätabends zu Hause absetzte, sagte sie: »Wie machen wir das denn mit dem Benzingeld? Das waren ja insgesamt fünfzig Kilometer.«

4. Nachbarn liehen sich von mir Ende 2001 8000 Mark, und zwar deswegen, weil angeblich irgendwelche Zahlungen wegen der »Euro-Umstellung« noch nicht angekommen waren. Spätestens Anfang Februar 2002 sollte ich das Geld wiederbekommen. Gemacht, getan. Es wurde 2002, und der Januar verging, der Februar kam. Was nicht kam, war das Geld. Es wurde noch nicht mal darüber gesprochen. Traf ich die Nachbarn auf der Straße, grüßte man sich freundlich,

einmal erzählten sie, sie würden jetzt essen gehen, sie wünschten mir auch einen schönen Abend. Ich dachte: Aha. Von meinem Geld geht ihr also essen. Ich traute mich nicht, etwas zu sagen, aber irgendwann sagte ich doch etwas: »Du, wann bekomme ich denn mein Geld zurück?« (Ich meine, immerhin waren es 8000 Mark, also ungefähr 4000 Euro, das waren keine Cent-Beträge.)

Die Nachbarn schauten mich an und fragten: »Welches Geld?«

»Äh … ich hab euch doch 8000 Mark geliehen …« (Ich war leicht fassungslos.)

»Ach«, sagte der Mann des Ehepaars. »Das.« So als ob ich kleinlich sei. »Du willst das Geld zurück?«

»Äh, ja.« (War das nicht korrekt? Fragte man so was nicht? Musste man abwarten, bis der Schuldner um die Ecke kam?)

Er sah mich irgendwie herablassend an und sagte dann: »Du musst es ja nötig haben.« DAS hat er gesagt.

Was haben diese Geschichten nun gemeinsam? Zum einen waren alle Leute unverschämt gewesen, und zum anderen: Ich habe anschließend nie wieder etwas von ihnen gehört – oder ich wollte von ihnen nichts mehr hören. Ich möchte mit solchen Personen nichts mehr zu tun haben. Man kann gar nicht glauben, wie viele merkwürdige Menschen es auf der Welt gibt.

Mein Rat: Lasst sie gehen. Man verliert dadurch nicht, man gewinnt. Kostbare Lebenszeit beispielsweise!

Mittlerweile kann ich über all das lachen, aber frech war es trotzdem. Doch jetzt steh ich darüber. Bin ja über 50.

»Nie wieder werde ich einen Vertrag in einem Fitnesscenter abschließen!«

Ja, ich weiß: Hinterher fühlt man sich immer gut. Das habe ich mir vier Jahre lang dreimal pro Woche gesagt, dann noch einmal zwei Jahre lang. Und ich war über jeden Tag froh, wenn ich nicht zum Sport musste. In der Zeit, in der ich mitgliedschaftsfrei war, fühlte ich mich a) ganz herrlich und hatte b) ein schlechtes Gewissen, weil ich ja keinen Sport machte.

Also ging ich vor einiger Zeit wieder zu einem neu eröffneten Fitnesscenter und schloss eine zweijährige Mitgliedschaft ab. Denn dann, so wurde mir zu verstehen gegeben, wäre es ja billiger (insgesamt ist es natürlich teurer, denn für ein halbes oder ein Jahr hätte ich vergleichsweise weniger bezahlt – man erinnere sich bitte an den Kauf meiner Papain-Kapseln).

In diesem neuen Sportstudio sollte »alles anders« sein, man arbeite hier, so hieß es auf einem Plakat, mit einem »völlig neuen, noch nie dagewesenen Konzept«. Ich machte einen Termin aus, und eine fröhliche Frau am Telefon sagte mir, alle seien eine große Familie und niemand würde blöd gucken. Das gefiel mir, denn die sonst üblichen Adjektive wie »trainiert«, »gestählt« und »definiert« trafen auf mich nicht zu. Also zog ich an einem Dienstagmorgen meine Sportklamotten an und radelte zu dem etwas weiter entfernt gelegenen Studio. Übrigens ein kluger Trick von mir, denn so hatte ich gleich schon mal auf dem Rad die Aufwärmphase hinter mir und war an der frischen Luft.

Das Sportstudio lag im dritten Stock eines alten Lofts. Einen Fahrstuhl suchte ich vergeblich, es gab nur einen

Lastenaufzug, Den zu nehmen traute ich mich nicht, auch weil einige Leute vielleicht hätten denken können, der normale, wo immer er sich befand, könne mich nicht tragen. Ich quälte mich also die sechs Treppen hoch (zweiundsiebzig Stufen, steil) und wartete dann einen Moment ab – es wäre mir megapeinlich gewesen, schon vor der ersten Trainingseinheit wie ein keuchendes Pferd dazustehen.

Dann rein und schnurstracks Richtung Tresen. Ich erwartete hier eine blonde Fee mit goldenen Locken, die mit Feenstaub arbeitete und XXXXS trug. Aber nichts da, vor mir stand ein großer, glatzköpfiger, grimmig aussehender Mann mit Oberarmen wie Arnold Schwarzenegger, der mich giftig musterte. Auf dem an seinem engen T-Shirt angebrachten Namensschild war zu lesen: HEUTE MACHT *NIGEL* DICH PLATT!

»Tach«, schleuderte er mir ins Gesicht.

Ich nickte und grinste unbeholfen.

»Hier!« Nigel pfefferte einen Flyer mit den Preisen auf den Tresen. »Hab keinen Bock, das alles zehnmal zu erzählen.« Ich schaute ihn ängstlich an, Nigel fragte: »Hast du ein Problem mit mir?«

»Nein, nein.« Ich fand nur sein Verhalten wenig geschäftstüchtig, aber vielleicht war das ja das Konzept.

»Wenn du ein Problem mit mir hast, können wir gern nach draußen gehen und das klären«, schlug Nigel vor und machte ein paar Kickbox-Bewegungen.

»Nein, alles gut«, erklärte ich, leicht eingeschüchtert.

Während ich den Flyer studierte, versuchte Nigel, sich einen Cappuccino zu machen. Er fluchte dabei wie ein Kumpel unter Tage, der festgestellt hatte, dass die Lore kaputt ist.

Die Preise waren ganz okay, nicht anders als in ande-

ren Studios auch. Verstohlen sah ich mich um, weil ich so
gern das »ganz andere Konzept« verstehen wollte.

»Willst du was trinken?«, brüllte Nigel in diesem Moment, und als ich nickte und sagte »Gern, einen Cappuccino würde ich auch nehmen«, schrie er: »Du spinnst
wohl, hier gibt's nichts mit Milch, hier gibt's nur Wasser
und Proteingetränke!«

»Dann ein Wasser.«

Nigel deutete auf einen Wasserspender, der mir ohne
Glas oder Flasche nicht viel nützte, aber ich traute mich
nicht, etwas in diese Richtung zu bemerken, aus Angst,
dass er mich dann erneut anschreien oder mir sogar etwas an den Kopf werfen könnte.

Also tat ich nichts. Ich stand dümmlich herum und
zwang mich, nicht darüber nachzudenken, auf was für
eine bescheuerte Idee ich da gekommen war. Dann tauchte der Kollege auf, der mit mir das Probetraining absolvieren sollte. Und durch ihn lernte ich das neue Konzept
kennen, es war, um es in einem Wort zusammenzufas-
sen: fremdenlegionäresk.

Es gehe darum, brüllte Fritz, der Trainer, auch so ein
Tier, dass man alles verinnerliche. Das funktioniere am
besten mit Druck, Gewalt und psychischer Raffinesse.

Fritz prügelte mich mit Worten durch die komplette
Anlage, um auszutesten, was ich so draufhatte (nichts).
Er quälte mich mit Krafttraining, Ausdauer und bösen
Worten, und später unterschrieb ich einen Vertrag, aus
dem ich bestimmt nie wieder herauskam, Kündigungs-
frist hin oder her. Um es kurz zu machen: Ich schlich aus
dem Fitnessstudio, in dem übrigens nur Fremdenlegio-
näre und zwei Kampflesben trainierten. Mir tat alles
weh, aber ich sollte mich, so Fritz, auf die nächste Trainingseinheit freuen.

Abends saß ich da – ich war allein – und versuchte, mich auf übermorgen zu freuen, auf das zweite Training mit Fritz. Im Lauf des Abends stellte ich fest:

1. Ich freute mich nicht auf die nächste Trainingseinheit.
2. Die ganzen Leute da waren mir unsympathisch.
3. Ich hatte schon insgesamt sieben Jahre in Sportstudios verbracht und mich nie wirklich in ihnen wohlgefühlt. Natürlich war ich fitter geworden, und man sah ein bisschen, dass ich trainierte, aber um ehrlich zu sein: so sehr nun auch nicht. Weil ich die goldene Regel nicht befolgte, die da lautet: 15 Prozent macht Sport aus, 85 Prozent Ernährung. Wie so viele Menschen dachte ich, wenn ich Sport mache, kann ich essen, was ich will, denn an den richtigen Stellen wird es weniger.
4. Jede Woche ohne Sport war immer als die bessere Woche im Gedächtnis geblieben. Ich dachte daran, wie ich mich jedes Mal ins Fitnessstudio geschleppt hatte. Immer war es das Gleiche: Heute ist Mittwoch, Mist. Sport. Dann suchte ich nach Ausreden, um nicht hingehen zu müssen. Obwohl ich meine Sportsachen schon morgens angezogen hatte (weil ich ja »gleich« zum Sport gehen würde), raffte ich mich abends nicht mehr auf. Den ganzen Tag lang hatte ich mir Gedanken darüber gemacht, mir immer wieder gesagt: »Ich muss noch zum Sport.« Aber dann kam ein Anruf, die Post musste durchgesehen, die Umsatzsteuervoranmeldung erledigt werden und so weiter. Prokrastination vom Feinsten.

Das Sportstudio verfolgte mich überallhin. Gedanklich zumindest. Dauernd dachte ich darüber nach, wann ich das nächste Mal Sport hatte. Und dann, ich war mit dem Fahrrad auf dem Weg zu meiner vierten Trainingseinheit, hielt ich plötzlich auf dem Radweg an, drehte um und beschloss, dass es das war. Nie wieder würde ich einen Fuß in ein Sportstudio setzen. Nie wieder würde ich mir antun, den Schweiß von anderen Menschen einzuatmen, nie wieder würde ich mir schwachsinnige neue Konzepte anhören, mich nie wieder anbrüllen lassen. Auf einmal fühlte ich mich leicht wie nie und radelte zurück Richtung Zuhause. Mit jedem Meter ging es mir besser. Das war übrigens kurz nach meinem 51. Geburtstag.

Ich bin doch nicht bescheuert und tue etwas, das mir angeblich guttut, dabei fühle ich mich schlecht. Wie dämlich!

Natürlich haben Sportstudios ihre Daseinsberechtigung, und sicher gibt es viele Menschen, die gern dorthin gehen und gern trainieren, denn ja, hinterher fühlt man sich tatsächlich besser.

Ich will mich aber nicht nur hinterher wohlfühlen, sondern den ganzen Tag über. Nie hatte ich Sportstudios als meine zweite Heimat gesehen. Auch dieses »Wir sind hier alle eine Familie« hatte in keinem einzigen Fall gestimmt. Da wird genauso geglotzt und gelästert wie überall. Und der »väterliche« Besitzer wollte auch nichts weiter, als zusätzlich Powerriegel und Proteingetränke und Smoothies verkaufen.

Um es auf den Punkt zu bringen: Ich habe mit über 50 endlich gelernt, dass Sportstudios nix für mich sind. Und es geht mir gut damit. Sehr gut sogar. Lächelnd lehne ich mich zurück und freue mich darüber, dass *ich nie* mehr über ein Fitnesscenter nachdenken werde.

Das gute Ende von Pärchenabenden

Nie wieder werde ich mich dazu breitschlagen lassen, mich in dieser Konstellation zu treffen, als Pärchen. Um dann gemeinsam zu kochen oder Malefiz zu spielen. Pärchenabende haben für mich einen schalen Beigeschmack. Es gibt meistens eine Person – bei mir war das immer so –, die man irgendwie nicht mag. Ich darf das sagen. Ich habe viele Pärchenabende hinter mir, und die wenigstens waren so, dass ich hinterher jubilierte und auf baldige Wiederholung drängte.

Die Person, die ich innerhalb der Runde nicht mochte, war vorwiegend ein Mann. Der Platzhirsch, denn er konnte alles am besten, egal, ob es darum ging, den Wein zu entkorken oder den Braten anzuschneiden. Dieser Hirsch war auf der Balz, gab anzügliche Bemerkungen von sich, obwohl er in festen Händen war. Ich erinnere mich noch an Bernhard (Börnie), der zu einer der anwesenden Pärchenfrauen solchen Schwachsinn wie »Hast du Diabetes, oder warum bist du so süß?« losgelassen hat.

Es gab auch Frauen, die grenzwertig waren. Die kleinen, unbeholfenen Elfen, die nichts konnten und ständig »Huch« gesagt und somit den Beschützerinstinkt der Männer geweckt hatten (natürlich nicht absichtlich, siehe meine Ausführungen zum »Weibchen«, S. 48).

Und jedes Mal war ich froh, wenn die Abende vorbei waren.

Nie wieder.

Und heute? Die Pärchen von früher existieren alle nicht mehr. Glücklicherweise sind wir jetzt alle in einem Alter, in dem wir uns so treffen können, ganz ohne Grund, und uns nichts mehr vormachen müssen. Und lade ich Leute doch ein, achte ich darauf, dass es nicht nur Paare sind. Und Malefiz spiele ich auch nicht mehr.

Nur mal so am Rande, weil es gerade passt: Am schlimmsten waren die Pärchenabende, wenn sie gleichzeitig Spieleabende waren. Monopoly habe ich noch nie gemocht, auch deshalb, weil ich jedes Mal nur die billigen Straßen bekommen habe, zudem musste ich oft ins Gefängnis. Malefiz fand ich merkwürdig, das Spiel habe ich nie richtig verstanden, und bei Trivial Pursuit war ich nur bei den Fragen der rosafarbenen Kategorie gut, und da auch nicht immer. Bei Superhirn versagte ich komplett, und bei Tabu machte ich mich regelmäßig zum Affen. Man hat nicht gern mit mir gespielt. (Das war wie früher beim Sportunterricht, wenn man abwechselnd Spieler für die Mannschaften gewählt hatte; ich war immer die Letzte.) Das einzige Spiel, das ich mochte und konnte, war Mensch ärgere dich nicht, aber hier gab es einen weiteren Minuspunkt: Ich freute mich, wenn andere gewannen, eine Tatsache, die mir Anfeindungen bescherte. Denn man muss doch sauer sein, wenn jemand anderes Sieger wird. Ich nicht. Ich freute mich. Ist heute noch so.

Also: Keine Pärchen- oder Spieleabende mehr mit Pärchen und Spielen, die man blöd findet. Falls aber doch mal jemand auf die Pärchen-/Spiele-Abende-Idee kommen sollte, so kann ich neuerdings behaupten, dass ich wegen Hormonschwankungen und Hitzewallungen momentan sehr eingeschränkt und leicht reizbar sei. Niemandem sei damit gedient, wenn er einen Kinnhaken bekommt, bloß weil ich mich bei Monopoly aufrege. Ein perfektes Argument zur rechten Zeit.

Nichts mehr machen,
nur weil es der Partner macht

Als ich meinen Mann kennenlernte, war ich bereit, viel für ihn zu tun. Eigentlich alles, um ehrlich zu sein, so verknallt war ich. Und ich war erwachsen, also keine 14. Ich fand alles toll, was er tat: »Wie er sich die Butter aufs Brötchen schmiert, wie süß!« – »Wie er schaut, wenn er seine Schlüssel sucht, süß!« Beides bringt mich heute, nebenbei gesagt, zur Weißglut.

Wie in jeder neuen Beziehung ging es auch um das Herausfinden gemeinsamer Interessen, und er fragte mich, ob ich inlineskate.

»Für mein Leben gern«, jubelte ich, obwohl ich noch nie auf diesen Dingern gestanden hatte. Immerhin konnte ich mit einem wundervollen Erlebnis beim profanen Rollschuhlaufen – ich war ungefähr zehn – aufwarten: Ich besaß rote Rollschuhe, solche, die man über die eigentlichen Schuhe zog und festschnallte. 1976 hatte ich sie geschenkt bekommen, und fortan rollte ich auf ihnen herum, was auch gut funktionierte, solange die Strecke eben und immer etwas da war, woran ich mich festhalten oder gegen das ich fahren (dotzen) konnte, um zum Stehen zu kommen. Auf gar keinen Fall war ich an jenem Märztag darauf vorbereitet, einen plötzlich auftauchenden Abhang hinunterzufahren, denn bremsen konnte ich mit den Rollschuhen nicht, obwohl vorne ein Klotz war, mit dem man auf dem Boden schleifen musste. Ich sauste also den Abhang hinunter, der immer steiler wurde, und schrie zum Gotterbarmen. Meine Güte, auf was für Höllengerätschaften war ich denn unterwegs?

Ich dankte dem lieben Gott, als ich einen Laternenpfahl erblickte, aber mein Plan, gezielt darauf zuzusteuern, mich an ihm festzuhalten und mich pirouettenmäßig zu drehen, bis ich zum Stillstand kam, ging leider nicht auf. Ich knallte gegen den Pfahl, brach mir zwei Finger an und flog anschließend in einen elektrisch geladenen Stacheldrahtzaun. Meine Freunde waren klüger gewesen als ich – die waren den Abhang kurvenreich heruntergefahren. Sie trauten sich nicht, mir aufzuhelfen, aus Angst, sie könnten ebenfalls elektrische Schläge kriegen. Ich lag wie ein Käfer auf dem Rücken und brüllte, bis eine vorbeikommende Frau mir schließlich half.

Das war's dann für mich mit dem Rollschuhlaufen.

Aber natürlich: »Ich liiiiiebe Inlineskaten, oh jaaaaa!«

Ich kaufte mir Inlineskates, Knie- und Ellbogenschutz und einen Helm – und eines Sonntags ging es los. Auf zur Alster, um die Alster herum, juhu, das wird ein Spaß. Mein Mann, der damals noch nicht mein Mann war, sauste in voller Montur los und ich lahmarschig hinterher. Ein Knieschützer hatte sich schon gelöst, unter den Ellbogenschonern schwitzte ich, es juckte. Bremsen konnte ich mit den Inlinern auch nicht, wie ich entsetzt feststellen musste. Das traumatische Erlebnis von damals schoss in mir hoch, ich sah mich schon über eine rote Fußgängerampel sausen, ein Auto würde mich ergreifen, durch die Luft schleudern, und ich würde so unglücklich auf dem Asphalt aufkommen, dass alle meine Knochen gebrochen waren. Also inlinerte ich mit minus fünf Stundenkilometern hinter diesem Mann her, den ich längst verloren hatte. Er raste den Bürgersteig entlang, weit entfernt war er für mich als kleiner schwarzer Punkt zu erkennen. Bestimmt konnte er elegant und millimetergenau an einer roten Ampel halten.

Nicht so ich. Ich rollatorte auf dem Radweg herum und

wurde von Radfahrern angeschnauzt. Eierte ich auf dem Bürgersteig herum, motzten Fußgänger mich an. Als ich mich in meiner Verzweiflung an einem Passanten festhielt, dachte der, ich wolle ihn berauben. Es war entsetzlich.

Mein Begleiter kam zurück. Was sei denn los?, wollte er wissen, während er gekonnt Kreise um mich zog. Ich behauptete, was am Fuß zu haben, und zog meine Inlineskates aus. Und nein, er müsse nicht mit mir heim, er solle ruhig um die Alster düsen. Ich humpelte (natürlich tat ich nur so, als hätte ich was) auf Socken nach Hause und nickte allen Entgegenkommenden zu. »Sportunfall«, erklärte ich, und das waren die einzigen Momente, in denen ich das Gefühl hatte, nicht wie ein Volldepp dazustehen.

»Was soll das eigentlich, was mache ich hier?«, fragte ich mich. »Das ist doch gar nicht mein Hobby.«

Und genau *das* ist der springende Punkt. Meist machen solche Dinge nur Frauen. Wir machen ja eh schon viel mit und tun viel und überhaupt, und dann denken wir, wir müssten auch noch die Hobbys mitmachen, damit die Männer uns gut finden. Völliger Blödsinn.

Wäre ich da mal früher draufgekommen, ich hätte viel Geld sparen können. Leider aber war ich dumm. Als mein Mann – inzwischen war er mein Mann –, mich nämlich fragte, ob ich gern Ski fahre, hätte ich die Hand heben und sagen können: »Nicht mit mir, aber fahr du, kein Thema.« Was aber machte ich? Enthusiastisch rief ich: »Ich liiiiiebe Skifahren, klar kann ich das, ich war mal in Österreich auf der Piste, in Sölden!«

»Was, echt? Das ist ja klasse!« Wie er sich freute. Vor seinem inneren Auge sah er uns beide wahrscheinlich in der frühen Morgensonne in gekonnten Bögen durch jungfräulichen Schnee wedeln, juchzend und voller Lebensfreude. Er sah uns als sportliches Paar nebeneinander im freien Gelände gleiten, voll professionell über kleine Erhebungen fliegen, um dann sicher aufzukommen, den Kopf in den Nacken zu werfen und zu lachen. Ein Wettlaufen stellte er sich bestimmt auch vor, wer wohl der Schnellere von uns sein könnte, wer …

Und Sölden? Ich war tatsächlich einmal dort in Tirol gewesen, meine Clique fuhr da hin und ich wollte nicht zurückbleiben. Während alle anderen Ski fuhren, saß ich auf einem Balkon oder in der Almhütte, weil ich Angst hatte zu stürzen. Gleich zu Anfang war klar, dass man mich nicht mit auf den Berg nehmen würde, ich war den anderen ein Klotz am Bein, konnte mir noch nicht einmal selbstständig die Skier anschnallen. Für alles brauchte ich Hilfe. Damals war ich 18, aufgewachsen in der Nähe des Großen Feldbergs im Taunus, und natürlich fuhren wir alle im Winter da Ski. Auch ich, ich brauchte nur für eine wenig steile Abfahrt den ganzen Tag, während die aus meiner Clique (die dann auch nach Sölden fuhr) wieder und wieder an mir vorbeirauschten. Noch nicht einmal mit einem Schlitten kam ich zurecht, weil ich mich nicht traute, mit den Füßen zu bremsen. Und die Sitzhaltung fand ich unbequem. Manchmal fuhr der Schlitten über einen schneebedeckten Stein, ich überschlug mich oder landete in einem Gebirgsbach, weil ich nicht lenken konnte.

Auf nach Sölden, hieß es nun, mit Mann und Sohn. Nie werde ich den Augenblick vergessen, als ich, nach dem Verlassen unseres Hotels, plötzlich vor einer ultrasteilen Piste stand und mein Mann voller Freude rief: »Juhu, endlich Ski fahren, nun kommt schon!«, und seine Skier anzog. Dann war er weg.

Ich – richtig! – traute mich nicht, mein Sohn ebenfalls nicht. »Zur Auffrischung« besuchten wir erst einmal einen Skikurs. Mein Sohn konnte nach drei Stunden so gut fahren, dass man ihn allein losschickte – er ist aber auch sehr sportlich. Ich war nach dem Kurs so fertig mit den Nerven, dass ich einen Jagertee brauchte.

Denke ich an meine Skifahrzeit zurück, denke ich nur daran:

- Was für eine entsetzliche Anstrengung war es, die schweren Schuhe anzuziehen und anschließend mit geschulterten Skiern zur Talstation zu buckeln, wo junge, hippe, trendige Menschen standen und lachten.
- Wie ich während der Sesselliftfahrten dauernd daran dachte, wann ich an der Station in der Kurve aus dem Sitz springen und auf den Skiern rausfahren musste, damit ich nicht wieder unten landete. Bis ich mich herauskatapultiert hatte, starb ich tausend Tode. Es hat auch nicht immer geklappt, dann habe ich laut gerufen.
- Wie ich in voller Montur aufs Klo ging, wobei die Klos in den Hütten immer im Keller waren. Es war unglaublich anstrengend, und in den Skischuhen rutschte ich ständig aus.
- Wie ich einen Abhang so langsam hinunterfuhr, dass ich nicht genug Tempo hatte, um den Hügel gegenüber (wo sich eine Einkehrhütte befand) zu schaffen. Das hieß, ich musste, um auf den Gipfel zu kommen, alles im Scitwärtsgang auf Skiern absolvieren. Als ich oben war, hatte die Hütte geschlossen. Mein Mann und mein Sohn aber waren satt und zufrieden, und das war die Hauptsache.

Es gibt nicht eine einzige Situation, an die ich mich mit Freuden erinnere. Gut, das Essen war abends schon lecker, aber ich war so fertig, dass ich schon über der Suppe zusammensackte.

Fazit: Ich werde die Hobbys meines Mannes nur dann teilen, wenn ich es möchte.

Dabei fällt mir ein – wieso eigentlich erst jetzt? –, wie er einmal sagte: »Bist du verrückt, da steig ich doch nicht drauf!« Das äußerte er, nachdem ich ihn gebeten hatte, mein Hobby, das Reiten, mal auszuprobieren, und ihm Don präsentierte, einen trantütigen Schimmel, der von der Gangart Galopp noch nie gehört hatte, ganz zu schweigen davon, dass er sie je ausgeübt hatte. Eine Seele von Pferd also, aber mein Mann weigerte sich, sich in den Sattel zu setzen. Das war es dann. Ich fand das gar nicht schlimm.

Ich finde es auch nicht schlimm, wenn er heute ohne mich, nur mit seinen Kumpels, zu Skitouren aufbricht. Ich mach dann für die Fahrt Frikadellchen und Schnitzelchen und Ingwerkekse. Alle jubeln sie, auch darüber, dass sie keinen Klotz am Bein haben, der dauernd fragt, für wann die nächste Hütteneinkehr geplant ist.

Lieber bleibe ich zu Hause, freue mich für die Jungs und mache etwas, das mir Spaß macht. Sticken. Oder ich sortiere Unterlagen. Das liebe ich. Ich bin doch nicht bekloppt und tu mir das alles weiter an. Nö.

Dumdidum.

»Mit dir rede ich nie wieder!« –
die Sache mit der Mutter

Kein lustiges Thema, ich weiß. Aber ich finde, es gehört zu uns Frauen ab 50 dazu, denn ich kenne viele in meinem Alter, die entweder keine Mutter mehr haben, mit der Mutter nicht mehr reden oder von ihrer Mutter genervt sind. Ich weiß, es gibt auch Väter, bei denen das so ist. Aber hier geht's nun mal ausschließlich um die Mütter.

Natürlich sind Mütter manchmal sehr nervig. Die Mutter von Renate zum Beispiel bringt sie in regelmäßigen Abständen auf die Palme: »Sie macht mich irre. Immer geht es nur um sie. Ich, ich, ich. Dann kommt sie unangemeldet morgens vorbei, setzt sich in die Küche und sagt: ›Du hast ja das Frühstücksgeschirr noch gar nicht weggeräumt. Bei uns war das um acht schon gespült und wieder in den Schrank geräumt.‹ Ich sagte dann: ›Ja, Mama, du hast aber auch nicht gearbeitet, du warst Hausfrau.‹ Oh, Gott, dann geht es los, Hausfrau sein sei auch Arbeit, und ich wüsste ja gar nicht, wie das damals war ohne Spülmaschine, und einen Staubsauger hätte sie auch erst spät bekommen, die Teppiche mussten geklopft werden, und dienstags war Waschtag, und wie ihre Hände dann ausgesehen haben …«

»Und«, fragte ich, als Renate mir das erzählte. »Hast du sie mal in den Arm genommen und gesagt, dass du das nicht so gemeint hättest?« Seit Kurzem hat sich was bei mir in der Mütter-Einstellung geändert, deshalb meine Reaktion.

Renate sah mich irritiert an. »Natürlich nicht. Warum hätte ich das denn tun sollen?«

»Weil es deine Mutter ist.«

»Aber sie …«

»Mag alles sein. Sie ist aber deine Mutter.«

»Du wieder.«

Eine andere Bekannte: »Meine Mutter nervt. Seitdem mein Vater gestorben ist, will sie dauernd vorbeikommen.«

»Und?«

»Begreifst du nicht, *dauernd*.«

»Letztens wart ihr doch im Theater, da war es doch gut, dass sie Zeit hatte.«

»Das ist was anderes.«

»Und als ihr in den Urlaub fahren wolltet, hat sie bei euch gewohnt und aufgepasst.«

»Das ist auch was anderes.«

Ja klar. Es ist immer etwas anderes.

Sicher, Mütter nerven. Sie sind anstrengend, übergriffig und teilweise sogar respektlos. Wenn sie zu ihren Töchtern sagen: »Ich finde, du drehst immer viel zu schnell durch, wenn dir was nicht passt« oder »Du hast zugenommen«, will das niemand gern hören, auch wenn es die Wahrheit ist.

Ich selbst hatte kein gutes Verhältnis zu meiner Mutter, genau genommen gar keins, denn vor 16 Jahren hatte ich den Kontakt zu ihr abgebrochen. Vor vier Jahren ist sie dann gestorben, ohne dass wir uns noch ein einziges Mal gesehen hatten.

Plötzlich war alles egal. Streit, Missgunst, was weiß ich. Alles war so weit weg. Ich stand vor dem Grab und dachte an die verpassten Chancen. Und daran: Jeder Mensch sollte versöhnt mit seiner Mutter sein und mit schönen Gefühlen an sie zurückdenken und nicht mit negativen. Und dafür muss man vorher etwas tun.

Hätte, hätte, Fahrradkette, was wäre, wenn – all das geht einem dann durch den Kopf. Hätten wir uns doch zusammengesetzt, hätte ich sie doch gezwungen, zum Arzt zu gehen, und so weiter.

Damals dachte ich nicht so.

»Aber sie hat das und das gemacht«, könnte man nun einwenden.

Ja, sie hat das und das getan, viele Mütter haben bestimmt diese Dinge gemacht.

Trotzdem.

Es sind unsere Mütter.

Deswegen rate ich jedem, welche Angelegenheit auch immer mit der eigenen Mutter zu klären, bevor es nicht mehr möglich ist. Ich bin mittlerweile 52, selbst Mutter und würde verrückt werden, wenn mein Sohn den Kontakt zu mir abbrechen würde.

Ich habe keine Ahnung, wie das bei meiner Mutter war. Ob sie wegen meiner Entscheidung, nichts mehr mit ihr zu tun haben zu wollen, traurig war, ob sie einsam war, ob sie geweint hat.

Ich weiß nur, dass ich nicht da war und wir so auseinandergegangen sind, wie es nicht gesund war. Das wird immer in mir da sein, dieses Gefühl, nicht das Richtige getan zu haben. Könnte ich die Zeit noch einmal zurückdrehen, ich würde alles dafür tun, mich mit meiner Mutter auszusprechen.

Wäre das schön!

Das ist es, was ich dazu zu sagen habe.

So machen wir es nicht mehr,
denn eigentlich wussten wir schon vorher,
dass das nix wird …

- Oh, dieses Kleid ist ja wundervoll. Nur leider drei Nummern zu klein und finanziell drei Nummern zu groß für mich. Ach, ich kaufe es trotzdem und nehme eben ab, das geht ganz schnell. Ich esse drei Wochen lang abends einfach keine Kohlenhydrate mehr, dann passt das Kleid bald. Wenn ich mir so ein teures Kleid kaufe, klappt das besser mit dem Abnehmen.
- »Kannst du Caligula nehmen, während wir im Urlaub sind? Caligula, sitz, sitz, hörst du auf zu schnappen, du böser Hund! Also, kannst du?« – »Äh … klar.«
- »Die Küchenmöbel kommen morgen zwischen sieben Uhr dreißig und achtzehn Uhr. Die Leute nur reinlassen, denen vielleicht einen Kaffee kochen und gucken, dass alles klappt.«
- Drei Wochen Sri Lanka. Ich wusste vorher, dass sich Wasser in meinem Körper ansammeln wird und ich nicht mal mehr in meine Flip-Flops passen werde, aber natürlich sind wir trotzdem nach Sri Lanka geflogen. Das Wasser hat sich dann auch tatsächlich in meinem Körper angesammelt, mehrere Liter, meine Flip-Flops konnte ich nicht anziehen, das Klima war schwül, das Meer zu warm, und dauernd sagte jemand: »Schüttele deine Klamotten aus wegen der Skorpione.« Nie mehr drei Wochen Sri Lanka. Ich hätte es vorher wissen können.
- Wenn ich a) mit dem Rad irgendwohin fahre, b) im Meer schwimme, c) eine Wanderung mache, sollte ich d) immer daran denken, dass ich auch wieder zurückmuss.

Momente, in denen man sich mit 50 entspannt zurücklehnen kann

»Dass du so gern allein bist, ist nicht normal«

Ich gebe zu, dass ich lange damit gehadert und eine Zeit lang wirklich gedacht habe: Hm, ist das noch normal, dass ich so gern allein bin? Heute – und weil ich einige andere Frauen in meinem Alter befragt habe, die mit mir einer Meinung waren – sage ich mit gutem Gewissen: Ja!

Allein zu sein heißt für mich nicht automatisch, einsam zu sein, das verwechseln viele Menschen. Gern allein zu sein bedeutet, dass man vielleicht nicht komplett, aber zumindest halbwegs mit sich im Reinen ist. Ich bin gern mit mir allein. Allein kann ich meine Gedanken sortieren, neue Ideen entwickeln, einfach nichts tun, mich an meiner Wohnung erfreuen, auf den Balkon gehen und verblühte Blüten abknipsen, Wäsche aufhängen und den Geruch lieben, sticken, über dies und jenes nachdenken, dankbar sein, Dinge Revue passieren lassen, Pläne schmieden. Ach, es gibt so viel, was ich allein gern tue.

Allein sein tut so gut. Allein sein ist gesund. Das ist zumindest meine Erfahrung. Allein sein heißt nicht, dass man wunderliches und wirres Zeug vor sich hin brabbelt, mit einer buckeligen Katze zu Hause hockt und die Tür nicht mehr aufmacht, weil eh keiner klingelt. Mittlerweile finde ich: Alleinsein ist etwas sehr Wertvolles.

Zeitweise war ich unsicher. Gerade wenn man auf

Facebook oder Instagram unterwegs ist, kriegt man erst einmal die Krise. Alle sind zusammen, sind happy. Gruppenfotos werden gepostet und massenweise Prosecco-Gläser in die Sonne gehalten: Wir haben alle so viele Freunde, hach, ist das toll. Bis ich auf den Trichter gekommen bin, dass das natürlich nicht jeden Tag so stattfindet. Und/oder inszeniert ist. Oder auch gar nicht stimmt. Irgendwo habe ich einmal einen Bericht über jemanden gelesen, der überhaupt keine Bekannten hatte, also niemanden, und immer Fake-Fotos von sich und anderen gepostet hat. Dieser arme Mensch war grenzenlos allein, aber im Internet hatte es so ausgesehen, als könnte er sich vor Leuten kaum retten. Ein Foto von ihm in der Realität war mit abgedruckt: Er saß in einer abgedunkelten, sehr spärlich eingerichteten Einzimmerwohnung in einem anonymen Hochhaus mutterseelenallein vor seinem Rechner, in dem er sich eine eigene falsche Welt zusammengestellt hatte. Das ist doch furchtbar. Diese Menschen sind wirklich einsam. Die sind auch nicht gern allein. Aber sie sind beides. Ich fühlte mich so gesund beim Lesen dieses Artikels. Weil: Wenn ich wollte, könnte ich ja. Dieser arme Mann konnte nicht. Entsetzlich. Ich war kurz davor, ihm einen Kuchen zu backen, kam dann aber wieder von der Idee ab, weil er in den USA wohnte.

Früher war ich nicht so gern allein, aber nachdem ich zwischen 45 und 51 eine Menge Leute aussortiert habe, ist die Anzahl der Menschen, mit denen ich etwas zu tun haben möchte, begrenzt. Ich sehe die Trennung von diesen Menschen mittlerweile nicht mehr als Verlust, sondern als Bereicherung, weil ich erst gemerkt habe, was ich nicht an ihnen hatte, nachdem ich mich von ihnen gelöst hatte. Es waren Freundschaften dabei, von denen ich gedacht hatte, sie würden ewig halten. Falsch gedacht.

Wenn man merkt, dass man ohne jemanden besser klarkommt, dann ist das einerseits natürlich nicht so schön, denn man hat Liebe und Zeit in die Freundschaft investiert. Andererseits aber bin ich nun in einem Alter, in dem ich nicht mehr so viele Menschen um mich herum haben muss. Wieso? So hat mich einmal eine gute Freundin in einer schwierigen Zeit allein gelassen, und das mit den Worten: »Das ist bei dir alles immer so existenziell.« Brauche ich das? Nein, brauche ich nicht.

Vielleicht war ich jahrelang ein Depp, weil ich diese Freundin so hingenommen habe, wie sie ist. Aber mit den Jahren kam dann allerdings auch das Älterwerden, und ich kann nun mit gutem Gewissen, klar wie ein Gebirgsbach, sagen: »Ich bin gern allein und deswegen nicht komisch. Ich mag Zeit mit mir verbringen und bin dankbar dafür, dass ich nicht zu den Leuten gehöre, die unbedingt andere um sich haben müssen, egal, welche, nur damit sie nicht allein sind.«

Das ist das Tolle am Älterwerden, die Klarheit, die sich langsam bildet und mehr und mehr herauskristallisiert. Mittlerweile verstehe ich, was Lebenserfahrung bedeutet, auch wenn ich noch keine 95 bin und Urenkeln gute Ratschläge gebe. Aber ich werde es tun. Und ihnen mit Sicherheit den Tipp geben, zu versuchen, gern mit sich allein zu sein. Weil ich finde, dass es wichtig und richtig ist.

Allein trifft man meistens die richtigen Entscheidungen – auch das habe ich gelernt.

Allein lernt man nämlich, auf sich zu hören.

Und auf das »Du bist zu viel allein« höre ich nicht mehr. Liebe Leute, ich bin über 50. Ich habe selbst zu entscheiden, was ich zu tun und zu lassen habe. Juhu!

Ich durchschaue euch

Es gibt viele unterschiedliche Menschen, und ein jeder hat seine Daseinsberechtigung. Nicht alle sind einem sympathisch, und das muss auch gar nicht sein, sonst wäre die Menschheit nichts weiter als ein Einheitsbrei. Abwechslung könnte man dann vergessen. Es ist also gut, dass es so viele unterschiedliche Menschen gibt. Ich mag die meisten, von Mördern und Weibchen mal abgesehen. Es gibt allerdings auch diverse Vertreter dieser Gattung Mensch, zu denen ich inzwischen einen Abstand halte, einen recht großen sogar. Das hat damit zu tun, dass ich mich in meinem Leben zu lange mit Klugscheißern, Schlauschnackern oder Besserwissern auseinandergesetzt habe. Damit meine ich solche Leute, die einem unumwunden erzählen, dass das kein Radweg ist, auf dem man gerade fährt, und dass man gerade im Halteverbot steht. Menschen dieser Art wollen einem weismachen, dass sie auf der linken Autobahnspur höchstens 80 Stundenkilometer fahren. Sie haben eine Freude daran, andere zu belehren (mein Vater gehörte auch in die Kategorie, als das sogenannte Waldsterben aufkam; er machte uns damit alle verrückt). Sie klemmen anonym selbst gemalte Drohzettel hinter Windschutzscheiben, belegen vier Parkplätze, damit ihr Auto keinen Kratzer abkriegt und bekommen fast einen Orgasmus, wenn sie sehen, dass ein Wagen abgeschleppt wird. Andererseits lassen sie jedoch ihre Hunde auf Gehwege kacken, weil sie ja Steuern zahlen. Ein paarmal habe ich versucht, mich mit ihnen auseinanderzusetzen. Vergeblich. Hier zwei niederschmetternde Beispiele:

Ich fuhr mit dem Fahrrad auf dem Bürgersteig, weil

der Platz auf der Straße wirklich sehr knapp war und die Autos, die aneinander vorbeifuhren, sich schon fast berührten. Ein Mann mit Stiernacken (Typ Vorsitzender im Schrebergartenverein) stellte sich breitbeinig auf den Bürgersteig, als er mich sah, und brüllte los: »Das ist kein Radweg.« Ich sagte und kam mir dabei wie ein treudoofes Schaf vor: »Das weiß ich, die Straße ist aber sehr eng, und hier behindere ich keinen. Und wenn doch, dann steige ich ab, so wie jetzt. Lassen Sie mich bitte durch.«

»Nein!« Der Stiernackige tobte, griff mir ins Lenkrad und wollte mich auf die Straße ziehen. Da ich gemerkt hatte, dass Reden nicht bei ihm half, tat ich etwas, was ich vorher noch nie getan hatte: Ich trat ihm in die Eier. Das war nicht ladylike und wirkte irgendwie auch hilflos, aber ich wusste in dem Moment einfach nicht, was ich machen sollte. Der Typ fing an zu jaulen, dann schrie er laut: »Diese Frau hat mich getreten!« Ich trat in die Pedale, um schnellstmöglich den Schrebergartenvorsitzenden hinter mir zu lassen. Ich hatte furchtbare Angst, dass sich Männer wie Bruce Willis (Schrebergartensicherheitsleute) auf mich werfen könnten, um mich zu überwältigen.

Mein zweites Beispiel ist ebenfalls eine Radfahrgeschichte. Ich fuhr eine Straße mit Kopfsteinpflaster entlang und war vollbepackt mit Einkäufen. Natürlich hätte ich schieben können, so wie sich das gehört hätte, aber als es mir zu anstrengend wurde, setzte ich auch dieses Mal meinen Weg auf dem Bürgersteig fort. Es war auf diesem nichts los, nur eine Frau auf einem Fahrrad kam mir entgegen. Sie fing an, ihre Klingel zu betätigen, und dann schrie sie: »Sind Sie eigentlich bescheuert? DAS IST HIER KEIN RADWEG!« Was will man solchen Leuten antworten?

Eine Zeit lang fand ich es toll, einfach zu sagen: »Sie haben recht.« Das ist herrlich, das sollte jeder mal ausprobieren. Damit rechnet nämlich niemand: »Ja klar. Sie haben völlig recht.« Die Leute bringt das aus der Fassung, doch manchmal werden sie dann – warum, weiß ich nicht, aber sie werden es – total aggressiv. »Wollen Sie mich verarschen?« Sie reagieren so, weil sie nicht damit umgehen können.

Ich habe keine Ahnung, was an dieser Pedanterie lebenserweiternd sein soll, und es ist auch müßig, es herausfinden zu wollen. Tatsache ist, dass ich nicht mehr auf Neunmalkluge achte. Ich ignoriere sie.

Fazit: Nicht mehr mit mir. Mein Leben ist zu kostbar. Seitdem ich Rechthaber links liegen lasse, geht es mir besser. Leider musste ich feststellen: Keiner von ihnen wird sich ändern, wenn man sie auf einen Fehler oder eine Übertreibung hinweist. Das wird nur zum Anlass genommen, noch ätzender zu werden. Ich habe keine Lust mehr darauf.

»Ich kann essen, was ich will, das sind halt gute Gene«

»Hallo, wir haben uns ja ewig nicht gesehen.«

Schnell schlucke ich die Reste meines Cheeseburgers hinunter.

»Gut siehst du aus«, sage ich und meine es auch so. Julika sagt nichts und bestellt sich eine Portion Pommes mit Mayo.

Sie gehört zu den Frauen, die *immer* gut aussehen.

Groß, schlank, ätherisch. Man kann ihre Schlüsselbeine sehen. Sie trägt gern enge Kaschmir-Oberteile und darüber eine weite, sandfarbene Strickjacke von Missoni. Dass sie von Missoni ist, weiß ich, weil ich mich geschenkemäßig an dieser Jacke beteiligt habe. Um Julikas schlanken, perfekt geformten Hals liegen dünne, teure Ketten mit bunten Edelsteinen, an ihren Handmodelfingern steckt der Trinity-Ring von Cartier, natürlich etwas lose, weil die Finger ja so dünn sind. Ihre stets formgefeilten Nägel sind in Nude lackiert, einer Farbe, mit der ich aussehe, als hätte ich drei Wochen als Wasserleiche zugebracht. Um es auf den Punkt zu bringen: Julika sieht umwerfend aus. Dazu ist sie auch noch gebildet, und selbstredend sind ihre Zähne strahlend weiß und ein ganz klein wenig schief, was merkwürdigerweise perfekter aussieht, als wenn sie gerade wären. Jetzt lacht sie den Imbissbudenbesitzer an, der ihr die Pommes reicht. »Kann ich noch ein bisschen mehr Mayo haben?« Er klatscht ihr ein halbes Pfund auf die Pommes, und wir reden hier von Mayo und keiner kalorienreduzierten Pampe.

»Wie machst du das nur?«, höre ich mich sagen. »Dass du das essen kannst und trotzdem so dünn bist?«

Sie sagt den Satz, für den ich sie gern schlagen möchte: »Ach, so dünn bin ich doch gar nicht.« Und dann: »Ich kann nun mal essen, was ich will, ich hab halt gute Gene.« Schließlich: »Sport finde ich schrecklich, die Figur habe ich von meiner Mutter.«

Ganz ehrlich, wenn ich diesen Schwachsinn noch einmal höre, raste ich aus. Erstens stimmt er nicht, und zweitens ist es auch gar nicht schlimm, dass er nicht stimmt. Was mich so aufregt, ist, dass viele Frauen einfach nicht zugeben wollen, dass sie etwas für ihren Körper tun müssen. Damit er so aussieht. Damit er so bleibt.

Was ist denn an Ehrlichkeit so entsetzlich? Die schöne Julika lügt. Angeblich isst sie den ganzen Tag lang Pommes rot-weiß, trinkt Rotwein, mampft Schokolade mit Macadamianüssen und bewegt sich nicht gern. Klar, das kommt alles von den Genen. Ja, genau.

Liebe Frauen, es ist nichts Verwerfliches daran, Sport zu machen, sich gesund zu ernähren, auf Alkohol weitestgehend zu verzichten und das *zuzugeben*. Ich glaube, ich weiß, warum ihr so knauserig mit der Wahrheit seid: Weil alles so wahnsinnig anstrengend ist. Ihr wollt so gern über den Dingen stehen, nonchalant und schlankerhand dünn und durchtrainiert sein. Wie gern würdet ihr faul herumsitzen, wirklich Pommes essen und bei Essenseinladungen nicht die Nudeln auf dem Teller hin und her schieben. Ihr wollt uns glauben lassen, dass es so irre einfach ist und wir, die nicht so dünnen, einfach blöd und schwach sind. Und damit stufen sie uns noch mal runter.

Die Wahrheit ist jedoch, dass Julika ihre Pommes nicht aufgegessen hat. Sie wollte mir nur zeigen, dass sie es vermeintlich *könnte*. Julika würde nie im Leben darauf kommen, eine ganze Portion Pommes zu vertilgen. Sie isst zwei oder drei und wirft den Rest weg. Natürlich so, dass keiner es merkt.

Das könnte ich nicht. Ich könnte es wirklich nicht. Bitte, lieber Gott, zwinge mich nicht dazu, Pommes wegzuwerfen! Oder von einer Tafel Vollnussschokolade nur eine Rippe zu lutschen und den Rest zu entsorgen. Neiiiin.

Ich ärgere mich. Weil ich euch dünnen Frauen jahrelang geglaubt habe und mich selbst als »die mit den schlechten Genen« abgestempelt habe. Das war ein Fehler. Was wirklich stimmt: Ihr habt Disziplin und ich nicht.

Ich könnte das aber nicht, auf Dauer so leben. Das weiß ich deshalb, weil ich es schon tausendmal versucht habe. Viel Bewegung, das richtige Essen, mehr Gemüse als Obst, ein kleines Stück Zartbitterschokolade mit mindestens 85 Prozent Kakaogehalt als Belohnung (manchmal!), kein Wein, kein Gin Tonic, weil Alkohol per se die Fettverbrennung behindert. Noch mehr Bewegung, Muskelaufbau, noch weniger Obst (da ist ja Zucker drin), dafür mehr Kohlrabi; gaaanz wenige Kohlenhydrate und wenn, dann die richtigen. Brauner Reis. Eine Kartoffel. Aber nur einmal pro Woche. Und bitte das Ganze genießen.

Ich schaffe es nicht. Ich weiß es, und ich stehe dazu. Ich werde nie ein Model sein, und ich war auch nie eins, aber ich stehe mittlerweile dazu. Ich liebe gutes Essen und viel davon, trockenen Wein, Süßigkeiten, wundervolle Desserts: Ich verehre die italienische und österreichische Küche.

Ich bewundere die Frauen, die es schaffen, schlank zu sein, ihr Gewicht zu halten, die sich kasteien – na ja, nicht alle, manchen bedeutet Essen einfach nichts, das gibt's ja auch. Aber die Mehrzahl muss auf alles achten.

Ich bin ein schwacher Mensch, was Essen betrifft, ich möchte nicht hungrig ins Bett gehen. Ich mag Gemüse nur in Maßen, und bei Fenchel hört es auf. Ich finde Sport verzichtbar, auch wenn man sich danach besser fühlt. Ich möchte im Winter abends Rotwein trinken und im Sommer Weißwein und am Wochenende zur blauen Stunde einen Gin Tonic. Ich mag nichts mehr davon hören, dass es wirklich nur die Gene sind, die bei anderen Frauen dazu führen, dass sie dünn sind.

Bitte, sagt doch einfach die Wahrheit und macht es uns nicht noch schwerer.

Ich fände es wunderbar, mal zu hören: »Jeden Morgen

stehe ich um halb sechs auf, jogge um die Alster, danach ist mein tägliches Work-out an der Reihe. Frühstück? Was ist das? Mittags einen Smoothie oder was anderes Gesundes, gaaaanz viel Wasser und ungesüßten Kräutertee. Und abends nach dem Pilates noch ein paar klein geschnittene Möhrchen.« Habe ich aber noch nie gehört.

Manchmal denke ich, dass diese Frauen es als eine Art Versagen empfinden würden, wenn sie zugäben, für ihre Figur etwas zu tun. Dass sie deswegen noch mehr über uns, die wir uns nicht im Griff haben, stehen, wenn sie lächelnd auf uns herabschauen mit ihren guten Genen. Nach dem Motto: »Herrje, es ist sooo einfach, noch nicht mal das kriegt die fette Kuh hin.«

Man sollte ja meinen, dass diese dünnen Frauen total glücklich sind. Sind sie aber nicht. Denn wer ständig Verzicht übt, kriegt doch irgendwann die Krise, oder? Ich will jetzt bestimmt nicht sagen, dass alle essen sollen, bis sie platzen, mir geht nur dieses ewige »Nur wer dünn ist, hat alles im Griff« auf den Keks. Ich mag so nicht leben. Und ich werde es auch nicht mehr glauben!

Ich bin nämlich jetzt über 50 (erwähnte ich das schon?).

»Wie, du liebst keine Kinder?«

Mein Sohn ist mittlerweile 28. Ich könnte also schon längst Oma sein. Bin ich aber nicht, und ich bin froh, dass ich es nicht bin.

Nun werden einige Frauen aufschreien, aber es ist mir wurscht: Ich muss mir dieses Kindergeömmel nicht antun. Keine Ahnung, wie es in fünf oder acht oder drei Jahren aussieht, aber momentan ist das der Stand der Dinge. Und ich finde, ich sagte es ja schon, keine Frau muss das machen, nur weil man das eben so macht.

Ein Beispiel: Eine Freundin von mir hat kürzlich ein Kind zur Welt gebracht. Sie lag in ihrem Bett nach einem Kaiserschnitt, das Kind hatte die Windeln voll, und sie klingelte nach einer Schwester, weil sie noch nicht aufstehen sollte. Ich saß da und wartete mit ihr auf die Schwester, und die kam dann auch. Die Schwester sah meine Freundin, dann das Kind und dann mich an, runzelte die Stirn, fast ein wenig fassungslos. Schließlich kam es zu folgendem Dialog:

Schwester: »Ach, da ist ja noch jemand.«

Ich: »Ja. Hallo.«

Sie: »Dann könnten doch Sie die Kleine wickeln.«

Ich: »Warum denn?« (Ich meinte das gar nicht provozierend, sondern war wirklich erstaunt.)

Sie: »Na, weil Sie hier sind. Können Sie das etwa *nicht?*« (In diesem *nicht* schwang ein milder Vorwurf mit, nach dem Motto: »Eine Frau, die kein Baby wickeln kann, ist keine Frau oder eine schlechte Frau.«)

Ich: »Doch. Ich kann das.«

Sie: »Warum machen Sie es dann nicht? Hier sollte jeder mit anpacken. Wir haben zu tun.«

Ich: »Das wusste ich nicht. Soll ich danach vielleicht noch bei einer Herz-OP helfen?« (Nicht jeder versteht Sarkasmus.)

Sie (glotzt mich an): »Wie meinen Sie das?«

Ich: »Das war ein Scherz.«

Sie (denkt nach): »Das habe ich nicht verstanden. Das ist hier auch gar nicht die Station.«

Ich: »Ja.«

Sie: »Nein. Also wickeln Sie jetzt das Kind?«

Ich: »Nein.«

Ich glaube, ich war der erste Mensch in ihrer Laufbahn, der sich geweigert hat, ein Kind zu wickeln. Sie betrachtete mich, als sei ich eine Hexe, die man zu Recht gleich zum Scheiterhaufen führen würde. Aber sie gab nicht auf.

»Soll ich es Ihnen zeigen?«

»Nein.«

»Dann können Sie es zukünftig alleine.«

»Nein.«

»Es ist nicht schwer.«

»Ich weiß.«

Und so weiter. Was ich damit sagen will: Ich muss das nicht machen. Ich bin nicht automatisch, nur weil ich eine Frau bin, für alles zuständig, was Kinder betrifft. Ich bin auch nicht dafür da, den Job der Säuglingsschwester zu übernehmen. Klar, die hat wahrscheinlich den ganzen Tag lang mit hormonübersteuerten Müttern und Schwiegermüttern und Freundinnen zu tun, die das Kind am liebsten vierteilen würden, damit nur jede was zum Wickeln hat. Gut möglich, dass ich eine Aussätzige bin, aber ich gehöre nicht zu den Frauen, die alles, was mit Kindern zu tun hat, toll finden. Ich muss auch kein Kind wickeln, bloß weil eine Säuglingsschwester das gerade will, weil ich ihr dadurch Arbeit abnehme.

Damit will ich überhaupt nicht sagen, dass ich eine Kinderhasserin bin, ganz und gar nicht, ich will nur nicht dazu gezwungen werden, alles süß zu finden. Und alles, was mit Kindern zu tun hat, gern zu machen und jedem etwas abzunehmen.

Ich will in Ruhe genießen, nichts damit zu tun haben zu müssen, und ich möchte mich nicht dafür rechtfertigen. Ich gehöre nicht zu den Frauen, die erst ihre eigenen

Kinder nicht loslassen können und dann sehnlichst auf die Enkel warten, um das gleiche Spiel von vorn zu beginnen.

Was viele Frauen zu vergessen scheinen: Sie haben auch noch ein eigenes Leben. Also ich zumindest.

Wenn die Kinder aus dem Haus sind – das ist doch wundervoll. Hier meine Top Five, wie es war und wie es ist:

Mit Kindern

Samstagmorgen, sechs Uhr. Regen, Sturm, Gewitter, kalt. Kinder wach. Die Frage: »O Gott, was machen wir bloß das ganze Wochenende bei dem Wetter?« stellt sich.

Ohne Kinder

Samstagmorgen, sechs Uhr. Kurzes Aufwachen durch Donner. Blick auf die Uhr. Ach, so früh. Regen prasselt gegen die Scheiben. Wind pfeift. Umdrehen, weiterschlafen. Und zwar das ganze Wochenende lang.

Mit Kindern

Samstagmittag bei IKEA. Kreischende Kinder. Noch mehr kreischende Kinder. Kinder, die alles haben wollen.

Ohne Kinder

Samstagmittag bei IKEA. Herumlaufen, sich freuen, dass die kreischenden Kinder nicht die eigenen sind. Köttbullar mit Pommes und Preiselbeeren essen. Sich freuen, dass die kreischenden, Eis fordernden Kinder nicht die eigenen sind. Einkaufen, heimfahren, auspacken, sich freuen über die schönen neuen Sachen und dass keine kreischenden Kinder herumspringen. Einen Sekt aufmachen.

Mit Kindern

Autofahrt am Sonntag zu Tante Heidi. Kind 1 muss aufs Klo und »kann es nicht mehr halten«, Kind 2 kotzt in Kurven dem Vater in den Nacken. Gefühlte vierzig Pausen auf Rastplätzen. Die Frage »Wann sind wir endlich da?« wird zur chinesischen Wasserfolter. Rückfahrt von Tante Heidi: Nun kotzen beide Kinder, weil Tante Heidi es mit dem Pudding zu gut meinte. Kinder schlafen dann ein und wachen natürlich in dem Moment wieder auf, wenn geparkt wird. Sind dann überdreht und können nicht schlafen, nachdem wir sie noch abgebraust haben. Besuche bei Tante Heidi sollten zukünftig gut überdacht werden.

Ohne Kinder

Autofahrt zu Tante Heidi. Kaffeetrinken. Nicken zu den Sätzen: »Ach, als die Kinder von euch allen noch mitkamen und mein Sofa mit Schokolade verschmiert haben.« – »Ach, als die Kinder noch mitkamen und ein Loch im Kopf hatten, weil die Steine in der Auffahrt doch sehr groß sind.« – »Ach, war das alles schön.« Das Gute ist: Jetzt bekomme ich das Geld zugesteckt, das früher mein Sohn bekommen hat. Autofahrt nach Hause, ohne auch nur einmal anhalten zu müssen und ohne Kotze im Nacken. Ein Glas Rotwein. *Tatort.*

Mit Kindern

O nein, heute ist ja Elternabend. Gehst du, geh ich? Streit. Du gehst nie. Ich kenn da doch keinen. Na und, dann lernst du die kennen. Danach könnt ihr noch was trinken gehen. Da geht's doch nur um Kinder. Da hab ich keine Lust drauf. Ach. Ich auch nicht, stell dir vor. Aber irgendeiner muss ja gehen.
UND NATÜRLICH GEHE ICH DANN WIEDER HIN!

Ohne Kinder
Willst du vielleicht ehrenamtlich ...
NEIN
Willst du vielleicht ...
NEIN

Mit Kindern
Baby: Gott, bin ich müde. Himmel, bin ich müde. Warum schreit sie denn jetzt schon wieder? Warum schreit er denn jetzt schon wieder? Atmet sie noch? Atmet er noch? Himmel, bin ich müde. Heute Nacht stehst du mal auf. Oh, bin ich müde.
Kleinkind: Wo tut es denn weh, was hast du denn, hast du Hunger, Durst, ist dir kalt, ist dir zu warm, ist dir sonst was? Nicht in die Steckdose fassen! Was hast du dir da in die Nase gesteckt? Nicht die Murmeln essen. Nicht den Hund streicheln. Was ist denn, warum weinst du, soll Mama pusten? Geh bitte wieder ins Bett, jetzt wird geschlafen, nein, da ist kein Monster unterm Bett.
Schulalter: Nein, du gehst erst zu Mark, wenn die Hausaufgaben gemacht sind. Zeig mir die Hausaufgaben. Wo ist deine Brotdose? Was ist denn das für ein Brief? Hast du die Hausaufgaben gemacht? Du musst noch für die Mathearbeit lernen. Ich frag dich gleich ab. Wann fängt das Fußballturnier denn an? Was, am Samstag um halb sieben müssen wir los? Warum will der Lehrer mich denn sprechen? Kannst du bitte dein Zimmer aufräumen? Nein, um zehn bist du zu Hause. Es ist mir egal, ob die anderen alle länger bleiben dürfen. Diese Pizza da lebt. Kannst du ein einziges Mal deine dreckigen Schuhe ausziehen? Können wir wenigstens am Sonntag mal zusammen frühstücken? Muss ich alles zehnmal sagen?

Ohne Kinder
  Kind ist ausgezogen:
  »Was ist das für kein Geräusch?«
  »Ruhe.«

Mittlerweile bin ich einfach dankbar, und ja, ich genieße die Zeit ohne Kind. Natürlich freue ich mich, wenn mein Sohn nach Hause kommt, ich koche Geschnetzeltes in Sahnesoße mit Erbsen und backe Apfel- oder Käsekuchen, ich glucke so herum, dass es ihm schon peinlich ist und mein Mann regelmäßig ausflippt. Wenn ich zu meinem Sohn fahre, ist klar, dass wir einkaufen und essen gehen, zu H&M und IKEA fahren, weil er immer was braucht und wir eine tolle Zeit haben. Aber es ist auch immer schön, wenn er wieder fährt oder ich wieder fahre. Und ich glaube, das ist auch ganz gesund so. Ab einem bestimmten Alter muss man nicht ständig seine Kinder um sich haben. Sicher, früher war es anders. Da gab es diese Mehrgenerationenhäuser. Die Alten passten auf die Kleinen auf, die mittlere Generation sorgte fürs Einkommen, und alles war innerhalb der Familie geregelt. Die Zeiten haben sich inzwischen geändert. Heute wohnt kaum noch jemand in Mehrgenerationenhäusern – oder besser gesagt, der Trend geht teilweise wieder dorthin, aber es wird noch dauern, und irgendwann muss die Brut ja auch lernen, allein klarzukommen. Wer Hotel Mama macht, ist selbst dran schuld.

Ich jedenfalls bin durch mit dem Kinderthema, und ich möchte mich auch nicht damit befassen. Deswegen bin ich aber kein schlechter Mensch. Ich bin nur durch mit Stuhlfarben, Wachsmalstiften und »Ach, das hast du aber schön gemacht«. Ich finde, jede Frau in meinem Alter hat das Recht, genauso zu reagieren. Die Zeit mit dem Kinderkram war schön, aber nun ist gut. Ich persönlich eigne mich nicht zur Dauermutter. Natürlich haben die Frauen ihre Daseinsberechtigung, die die Geburten ihrer Enkelkinder kaum abwarten können und es genießen, dass alles wieder von vorne losgeht. Ich gehöre nicht dazu, und ich möchte mich deswegen nicht rechtfertigen müssen.

Ich möchte meine Zeit so gestalten, wie ich das möchte, und ich habe das Recht dazu. Ich will am Wochenende ausschlafen und bei Regen den ganzen Tag im Schlafanzug rumlaufen, ohne auch nur ein einziges Mal darüber nachzudenken, dass man ja mal vor die Tür gehen sollte, so wie man das mit Kindern immer hat machen müssen (und wenn nicht, dann hatten wir ein schlechtes Gewissen). Wir wollen sinnfrei Netflix glotzen, Pizza bestellen und Sonntage vergammeln, während der Regen an die Fensterscheiben klatscht. Ich möchte keine Hausaufgaben mehr kontrollieren und mich nicht mehr über unaufgeräumte Zimmer ärgern. Ich finde es herrlich, nach Hause zu kommen, und es sieht noch genauso aus wie vor meinem Verlassen. Ich freue mich, dass mein Kühlschrank nicht ständig leer ist und darauf wartet, von mir gefüllt zu werden. Ich freue mich darüber, endlich das zu tun, worauf ich Lust habe – und das hab ich mir auch verdient.

Ich kann es nun mal nicht ändern, also ist das jetzt so

Dieser Satz ist wahr, und leider musste ich erst 50 werden, um ihn zu beherzigen. Jahrelang habe ich nicht so reagieren können. In vielen Situationen ist es für einen selbst besser, wenn man gelassen reagiert und es sich einfach macht:

Situation

Ich habe online ein Ticket gebucht, einen Sitzplatz mit Steckdose im ICE, um am Reisetag festzustellen: Der ICE wurde durch einen altersschwachen IC ersetzt. Es gibt kein Bordbistro (eine Minute vor Einfahrt des Ersatzzuges wird das verkündet – super), und laut Wagenstandsanzeiger soll mein Wagen im Abschnitt G sein. Als der Zug jedoch einfährt, stellt sich heraus, dass mein Wagen im Abschnitt A ist. Da der Zug nur sehr kurz hält, muss ich mit zwei Taschen und dem Laptop durch den kompletten Zug keuchen. Viele Leute empören sich, sagen »Ts« oder »Mann« oder »Hey, so nicht«. Mein Sitzplatz hat keine Steckdose, ich gehe zu einem anderen Platz (der Akku von meinem Laptop ist nicht geladen). Hurra, hier gibt es eine Steckdose, aber es stellt sich heraus, dass sie nicht funktioniert. Die Klimaanlage ist falsch eingestellt, es herrscht die ganze Zeit über 33 Grad Celsius. Zusätzlich knallt die Sonne erbarmungslos ins Abteil, Vorhänge oder Rollos, die vor ihr schützen würden, sucht man vergeblich. Mir gegenüber sitzt eine Frau, die was mit Zwiebeln isst, und dann, selbstredend, steigt noch jemand mit einem schreienden Säugling ein. Ich habe eine fast siebenstündige Fahrt vor mir.

Aufregeritis vor 50

Ich schäume vor Wut, beschließe, böse Beschwer-de-E-Mails an die Bahn zu schreiben, und kämpfe mich durch den überfüllten Zug. Ich suche einen Zugbegleiter, das alles ist doch so was von unmöglich. Ich flippe fast aus, weil ich keinen Zugbegleiter finde. Finde ich doch einen, weiß der auch nicht, was man da machen kann, aber er will mal nachfragen, was er sowieso nicht tun wird. Insgeheim verfluche ich die Verantwortlichen und male mir aus, wie ich die DB-Zentrale stürme und mich mit einem Messer bis zur Vorstandsetage durchkämpfe, um dann endlich mit einem richtigen Schneidegerät vorzugehen.

Ich werde immer wütender, weil ich das Gefühl habe, dass den Mitarbeitern im Zug die Fahrgäste völlig egal sind und sie einfach nur ihre Ruhe haben wollen. Ich steigere mich immer mehr in meinen Zorn hinein, was letztlich zu folgenden Ergebnissen führt:

→ Meine Laune ist auf dem Nullpunkt, ich bin mürrisch und habe noch nicht einmal Lust, in meinem neuen Buch zu lesen.

→ Ich bekomme Kopfschmerzen.

→ Ich bin super unkreativ und wenig motiviert, wenigstens ein paar Einfälle in mein Ideenbuch zu schreiben, was ich sonst immer tue, weil mir auf Zugfahrten oft gute Gedanken kommen.

Dumdidum ab 50

Die Situation ist nicht super berauschend. Natürlich könnte ich jetzt ein bisschen ausrasten, aber das würde aus dem IC keinen ICE mit funktionierender Steckdose machen. Und das Zugpersonal werde ich so schnell auch nicht coachen können. Das Kind wird nicht aufhören zu schreien, wenn ich wie ein Muffelkopf dahocke und es böse anglotze.

Also, was tun:

→ Das Beste aus der Situation machen. Ich lehne mich zurück, schaue auf die vorbeifliegende Landschaft.

→ Ich schreibe hin und wieder was in mein Ideenbuch.

→ Ich trinke ausreichend Wasser, damit ich zusätzlich nicht noch Kopfschmerzen bekomme.

→ Ich denke einfach an etwas Schönes und male mir aus, wer in den vorbeiziehenden Häusern wohnt.

→ Ich versuche, das Baby zu ignorieren, und wenn ich es nicht ignorieren kann, sehe ich schlicht und ergreifend ein, dass es nun mal schreit, so wie ich früher als Baby bestimmt auch geschrien habe.

Ich kann das alles nicht ändern, weil ich keine Zauberin bin. Es ist völlig müßig, sich aufzuregen.

Dumdidum, und gut ist! Juhu.

Situation

Über uns ist eine Frau mit drei Kindern eingezogen, die zwischen sechs und zehn Jahre alt sind. Alle vier Personen sind, um es vorsichtig auszudrücken, recht rücksichtslos. Es sind Nachbarn, wie man sie seinen ärgsten Feinden nicht wünscht.

Aufregeritis vor 50

Natürlich haben wir uns das nicht gefallen lassen. Schon morgens um sechs lautes Getrampel von oben, und ich spreche von Holzböden, auf denen kein Teppichboden liegt. Geklacker von High Heels, nervtötendes Geklimper auf dem Klavier, noch nervtötenderes Bumbum von irgendwas. Samstags und sonntags gern zu Unzeiten lautes Gebumm auf den Böden.

Das geht nicht. Also sprechen wir mit der Hausverwaltung, die uns sagt, dass man dagegen nichts machen könne. Ich bin sicher hundertmal oben, schreibe E-Mails, rufe an. Und was nützt es? Richtig: nichts. Wir haben sogar das Gefühl, dass es noch schlimmer geworden ist.

Dumdidum ab 50

Ich bin mit einer Flasche Wein nach oben gegangen und habe meine Nachbarin gefragt, ob sie den mit mir trinkt – und schwupps sind wir in ein nettes Gespräch vertieft. Eine nette Frau, die mit den drei Kindern manchmal überfordert ist, was ich selbstverständlich nachvollziehen kann. Seitdem ist der Lärm gar nicht mehr so schlimm und die Kinder auch nicht. Und überhaupt ist alles viel einfacher, wenn man im Gespräch ist oder ins Gespräch kommt. Merke: Wenn man Nachbarn mag, nimmt man Lautstärke, Grillgeruch und alles mögliche andere, was einen normalerweise stören würde, als nicht so störend wahr. Und um Nachbarn zu mögen, sollte man mit ihnen reden. Es kann so einfach sein. Warum habe ich es mir jahrelang so schwer gemacht? Dumdidum.

Situation

Ich erwarte Gäste und merke, dass ich das komplette Essen anstatt mit Salz mit Zucker gewürzt habe.

Aufregeritis vor 50

Heulen, heulen. Ich Versagerin, wie konnte ich nur? Uäääääh, so was Schreckliches, was mach ich denn jetzt nur? Ich sag ab, ich sag ab, uäääh, buhu! Wie konnte das passieren, wie nur? Buhuuuu!

Dumdidum ab 50

Ganz einfach: Pizza bestellen und mit den Gästen

darüber lachen, was für ein Honk man doch manchmal ist. Solch eine Geschichte wird übrigens noch Jahre später erzählt, und sie wird immer weiter ausgeschmückt. Irgendwann ist es kein Zucker mehr, sondern es sind Maden. Oder man hat versehentlich Katze gegessen. Wie auch immer – solche Geschichten werden immer gern erzählt.

Situation

Sarah hat mich nicht zu ihrem 50. Geburtstag eingeladen, obwohl ich sie zu meinem eingeladen habe.

Aufregeritis vor 50

Du liebe Zeit, was hat Sarah gegen mich? Was habe ich getan? Gar nichts habe ich getan, oder habe ich was getan und weiß es nur nicht mehr? Ist sie wegen irgendwas beleidigt oder böse oder traurig oder verletzt? Habe ich etwas Furchtbares gesagt, aber was denn nur? Ich weiß es nicht, ich weiß es nicht. Das ist ja schrecklich, alle anderen sind bestimmt eingeladen, nur ich nicht, alle reden dann über mich, oje. Sarah sagt bestimmt, dass ich eine doofe Kuh bin, und ich weiß aber nicht, warum, und ... MANN!

Dumdidum ab 50

Ich rufe Sarah an (und ich rufe wirklich an und tippe keine SMS, ich schreibe auch keine E-Mail, weil ich dann die ganze Zeit entweder aufs Handy oder auf den Monitor glotze, um zu schauen, ob sie geantwortet hat). Ich frage sie, was es zu bedeuten hat, dass sie mich nicht zu ihrem runden Geburtstag eingeladen hat.

Dann warte ich, bis sie mir antwortet. Es gibt unterschiedliche Möglichkeiten:

→ Sie hat vergessen, mich einzuladen.

→ Sie hat mich eingeladen, aber die Karte ist in der Post verloren gegangen, oder sie kommt später bei mir an als bei allen anderen, was durchaus passieren kann.

→ Sarah hat mich nicht eingeladen, weil sie mich nicht dabeihaben will, und nennt mir den Grund. Vielleicht hat sie etwas falsch verstanden, oder ich habe wirklich etwas Beleidigendes oder Böses gesagt; man weiß ja nie, wie das bei anderen so ankommt. Und auch wenn ich mich nicht erinnern kann, ist es denkbar, dass da was war. Dann kann ich mich bei ihr entschuldigen, und die Wahrscheinlichkeit, dass sie mich nun doch noch einlädt, ist groß.

→ Sie will mich nicht an ihrem Geburtstag dabeihaben, und das aus einem Grund, den ich nicht nachvollziehen kann. Weil ich vielleicht irgendwann blöd geguckt habe oder was auch immer. Gut. Dann ist das so. Ihre Entscheidung. Ich kann niemanden zwingen, und wenn es so ist, dann ist das so. Ich mach mich deswegen nicht verrückt. Man kann Freundschaften und Einladungen nicht einfordern. Da steh ich mittlerweile drüber und mach mir keinen Stress mehr!

Situation

Mein Mann hat einen Freund, mit dem ich leider nicht klarkomme. Wir sind auf keiner Wellenlänge.

Aufregeritis vor 50

Ich habe alles versucht, um es meinem Mann recht zu machen, hab den Freund eingeladen, langweilige Abende mit ihm verbracht. Die Stimmung war stets angespannt, und eigentlich hatte keiner was davon.

Der Freund soll gern kommen, aber ich bin dann unterwegs.

Meine Güte, ist das alles einfach, oder?

Wenn man es nicht mehr nötig hat, es jedem und allen recht zu machen, kann das Leben so erfrischend unkompliziert sein. Und seitdem ich so handle, genieß ich das richtig.

»Wir müssen mal entrümpeln«

Sicher. Muss jeder irgendwann.

Eins weiß ich aber: Ich nicht mehr. Jedenfalls nicht, solange ich mit meinem Mann zusammenlebe.

Ich werde keine nervenaufreibenden Diskussionen mehr führen. Und mich lieber entspannt zurücklehnen. Folgende Geschichte hat unter anderem dazu beigetragen:

»Wir müssen unbedingt mal unsere Sachen sortieren und das, was wir nicht mehr brauchen, wegwerfen!«, sagte mein Mann an einem Samstag.

Ich war begeistert und meinte, dass wir gleich heute damit anfangen könnten. Die Idee fand er gut.

Nach einem gemütlichen Frühstück stiegen wir auf den Dachboden. Allmächtiger, was sich da alles im Lauf der Zeit aufgetürmt hatte. Mein Mann hatte in seiner Jugend Bierdeckel, Kronkorken und Glühbirnen gesammelt. Ja, Glühbirnen. Vier große Kartons standen in einer Ecke, in jedem befanden sich, sorgfältig einzeln in

Seidenpapier verpackt, Glühbirnen. In Weiß, Rot, Blau, Grün. In diversen Größen von diversen Herstellern. Allen gemeinsam war aber: Sie waren kaputt, und kein Mensch würde sie jemals wieder gebrauchen können. Ich sagte, es wäre doch sehr sinnvoll, mit dem Entsorgen dieser vier sperrigen Kartons anzufangen.

»Bist du verrückt?«

»Warum sollte ich verrückt sein?«

Verständnisloses Kopfschütteln. »Ich kann dir zu jeder Birne eine Geschichte erzählen. Wo sie herkommt, wo sie gebrannt hat, und dann sagst du, ich soll sie wegwerfen!«

Dann eben nicht. Dann aber vielleicht die ausgestopften Trottellummen, Basstölpel und Eisvögel, ein Erbe seines Vaters, die jahrzehntelang nicht mehr abgestaubt wurden und bei denen sich jeder Hausstauballergiker sehr freuen würde. Oh, nein. Das verrostete Messer, das da auf dem Boden herumlag, würde mir mein Mann sicher gleich in den Arm stechen wollen.

»Bist du völlig übergeschnappt?« Die seien schließlich von seinem Opa, dann übergegangen in die Hände seines Vaters, und der hätte ihm genau erzählt, wo er sie herhätte. *Ich* solle doch mal anfangen, etwas zu entsorgen, zum Beispiel diese komische Münzsammlung da. Klar. Das waren alte römische Münzen, die ich irgendwo gefunden habe. Wahrscheinlich von einem unschätzbaren Wert. Wieso überhaupt sie und nicht die rote Glühbirne, die mit hundertprozentiger Wahrscheinlichkeit in einem Etablissement zwielichtiger Herkunft zu verschleiern versucht hat, dass Eugen seiner Herta mal wieder nicht treu war? Klar, was sind da schon römische Münzen, die bestimmt live dabei waren, als der Limes gebaut wurde? (»Heda, Römer, hast du einen Mulsum für mich?« – »Gewiss, gewiss,

für einige Münzen kannst du dies Labsal erhalten!«)
Nichts da.

Ich warf ein, dass doch die Tageszeitungen, die er seit
1976 hortete, langsam mal den Weg in die Altpapiertonne
finden könnten. Gäbe es im Hamburger Universitäts-
krankenhaus Eppendorf noch Kohleöfen, die Zeitungen
würden ein Jahr lang die kompletten Gebäude beheizen.
Selbst in einem kalten Sommer.

Jetzt würde ich ja wohl völlig durchdrehen, meinte
mein Mann. Was, wenn jemand ihn fragen würde, wie das
Wetter am 18. November 1983 war? Da müsste er nur auf
den Dachboden gehen und die entsprechende Tageszei-
tung finden, in der würde das nämlich hinten drinstehen.
Ich überlegte einen Moment, aber mir fiel niemand aus
unserem Bekanntenkreis ein, der eventuell wissen wollte,
wie im November vor über 30 Jahren das Wetter war. Ich
solle doch mal, fuhr mein Mann fort, mit gutem Beispiel
vorangehen und diese vergilbten Fotos und Unterlagen in
den Kartons in die Tonne klopfen. Natürlich – wer braucht
schon alte Familienfotos und seine Tagebücher? Und wer
Zeugniskopien und Geburtsurkunden? Niemand. Aber
eine kaputte Glühbirne braucht jeder.

»Wie wär's mit den Bierdeckeln«, wagte ich einzu-
werfen.

Oh, nein. Wer weiß, wofür man die noch brauchen
kann. Wenn ein Stuhl oder ein Tisch wackelt oder es unter
der Wohnungstür zieht, dann könnte man dafür super
die Bierdeckel nehmen. Bierdeckel unter Tischen erinnern mich aber immer an Kneipen, bemerkte ich. Und ich
würde nicht gern in einer Kneipe wohnen. Das hätte alles
keinen Sinn mit mir, meinte er, seit Stunden wolle er anfangen, aber ich würde ja alles blockieren. »Ich mach das
dann mal alleine. Demnächst.«

Genau. Dann, wenn ich nicht dauernd neben ihm stehe und sage, dass ich nichts wegwerfen kann.

Noch viele Wegwerfversuche folgten. Ich habe für mich den Schluss daraus gezogen, dass ich keine Erwartungen mehr habe. Ich lehne mich zurück und lasse ihn machen – oder auch nicht. Wieso soll ich wundervolle Lebenszeit vergeuden, um auf einem stickigen Dachboden zu stehen und über Glühbirnen zu diskutieren? Es gibt viel schönere Dinge, die man machen kann.

Auch so was, was ich jahrelang dachte: Ich muss alles selbst hinkriegen können.

Wieso? Warum? Weshalb?

Ich habe die Antwort: Weil wir die Generation Mädchen waren, die sich emanzipieren sollte. Geht nicht, gab's nicht. Eine Frau konnte das allein, musste das allein können. Ich versuchte es auch – und scheiterte. Ich kann eben nicht alles, außerdem ist das viel zu anstrengend.

Ganz schön bescheuert: Erst vor Kurzem habe ich festgestellt, dass man es sich viel bequemer machen kann, wenn man andere etwas für sich tun lässt. Damit stand ich lange allein da, denn in meinem Freundinnenkreis gibt es viele »Ich kann das«-Frauen, also ich rede von denen, die alleinerziehend drei Kinder ernähren und nebenbei noch in ihrem Job als Zahnärztin mit eigener Praxis aufgehen. Dass sie aber zudem mir nichts, dir nichts einen kaputten Wasserboiler mit einer Rohrzange reparieren und fachmännisch bei einem komischen Geräusch, das ihr Auto von sich gibt, sagen: »Da ist irgendwas mit der Zylinderkopfdichtung«, macht mir Angst. Ich kann so was nicht. Konnte es noch nie.

Meine Freundin Anne ist so eine, die alles kann. Sie hat sogar schon Heimwerkerkurse belegt, um dann festzustellen, dass das gar nicht nötig war. Anne schraubt an einem Nachmittag eine Schrankwand zusammen, montiert einen neuen Auspuff an ihr Auto und legt ihre Hauswand mithilfe eines Baggers trocken. Vor dem Abendessen wird noch schnell im Wohnzimmer Parkett verlegt und die Kontrollleuchte an der Spülmaschine repariert. (Ich hasse es, Glühbirnen auszutauschen, weil ich Angst vor Strom habe, sagte ich das schon?) Wenn mich jemand fragt, ob ich an meiner Waschmaschine regelmäßig das Flusensieb reinige, lächle ich dümmlich vor mich hin. Das Einzige, was ich regelmäßig erledige: neue Aktivkohlefilter für die Dunstabzugshaube zu bestellen (die mein Mann dann auswechselt).

In meinem Freundeskreis mutieren immer mehr Frauen zu Ich-kann-alles-Frauen. Warum eigentlich? Es ist doch manchmal viel gemütlicher zu sagen: »Ich kann das nicht.« Natürlich nicht immer, wir wissen ja, was wir können, und sind natürlich keine von diesen schrecklichen Weibchen, ich spreche von einzelnen Situationen. Und wenn wir einfach keinen Bock haben. Wenn eine Frau sagt, dass sie was nicht kann, wissen wir doch, ist ein Mann plötzlich ganz hilfsbereit. Also die meisten Männer. Wenn wir das tun würden, würden wir schon längst in selbst gebauten Einfamilienhäusern wohnen und müssten am Samstag nicht den Großeinkauf erledigen. Und wenn wir zwischendurch noch ein bisschen – aber nur ein bisschen, bitte, keine Übertreibung – bewundernd aufschreien (»Nein, das hätte ich *nie* geglaubt, dass du den Akkusauger so schnell repariert bekommst – zeig mir doch mal, wie man damit saugt, er war so lange kaputt!«), hätten wir das schönste Leben. Nicht so wie bei Anne. Bei ihr ist es nämlich genau umgekehrt. Da kommt *er* nach Hause, und wenn sie ihn bittet, die Spülmaschine auszuräumen oder bei einem Stromausfall das Notaggregat im Keller zu aktivieren, hört sie grundsätzlich nur: »Das kann ich nicht.«

Deswegen hat Anne auch sehr wenig Zeit. Das ist natürlich nicht so schön. Sie ist wie ein Notdienst, ununterbrochen im Einsatz.

Ich bin da mittlerweile anders. Ich mache mir das Leben leicht, und das ist ja wohl nicht verboten, oder? Ich muss nicht alles können, ich will auch gar nicht alles können. Man ist nicht weniger emanzipiert, wenn man keinen Reifen wechseln kann. Außerdem, das habe ich festgestellt, finden die meisten Männer Frauen, die alles können und in wirklich jeder Hinsicht begabt sind, unheimlich. Wahrscheinlich, weil sie in das Gebiet der Männer eindringen. Kein Mann will in einer Hütte sitzen und Kartoffeln schälen, während die Frau auf der Jagd ist und mit einem erlegten Hirsch nach Hause kommt. Das könnte ich, nebenbei gesagt, das will aber kein Mann.

Lehnen wir uns also zurück und sagen: »Das kann ich nicht«, ohne uns dabei schlecht zu fühlen. Das fühlt sich sogar richtig gut an!

Kleine Geschichte, große Wirkung!

Manchmal könnte ich mir eigenhändig auf die Schulter klopfen. Früher war ich sehr unorganisiert, jetzt ist das anders. Zu meinem 50. Geburtstag habe ich mir nämlich selbst ein Geschenk gemacht.

Toll, höre ich nun die eine oder andere denken. Die

Frau tut was für sich. Das ist richtig, aber was ist es? Ein Auto? Eine goldene Uhr? Ein Pferd?

Es ist eine Liste, die ich mir geschenkt habe, per Hand geschrieben, und die hab ich mir geschenkt, damit mein Kopf frei wird. Nein, das ist nicht esoterisch, das ist arbeitserleichternd. Neu ist diese Liste auch nicht, aber ich wette, es gibt Leute, die sie noch nicht kennen.

Es ist eine Alltagsliste, und sie ist spitze, denn: Man braucht nur zehn Minuten für diese Liste, dann muss man den Rest des Tages nicht mehr an sie denken und daran, was auf ihr steht. Man kann sich anschließend um die wirklich wichtigen und angenehmen Dinge kümmern. Auf meiner tollen Zauberliste stehen all die Dinge, die ich morgens erledigen muss oder sollte, zum Beispiel Lüften oder einen Einkaufszettel schreiben oder meine Tabletten nehmen.

Das mag jetzt vielleicht etwas seltsam daherkommen, aber wer schon mal ständig darüber nachgedacht hat, dass er endlich seine Tabletten nehmen sollte, weiß, wovon ich spreche. Außerdem ist es herrlich, die erledigten Dinge durchzustreichen. Es gibt natürlich nicht nur Tageslisten, sondern auch Wochenlisten. Zum Durchstreichen benutze ich einen schönen, weichen Filzstift. Und bei Bedarf schreibe ich die Liste neu.

Es funktioniert – mit Listen ist das Leben einfacher (und mit Durchstreichen).

Dankbar sein – für die beste Freundin

Im Lauf eines Lebens lernt man viele Menschen kennen, es sei denn, man ist ein Eigenbrötler und hasst Menschen. Aber im Normalfall trifft man eben Leute. Manche eher im Vorbeigehen, die sieht man dann nie wieder, andere wiederum begleiten einen über eine längere Strecke, und manch einer hat das Glück, einen wirklich besten Freund oder eine wirklich beste Freundin zu haben – diese stehen einem ein Leben lang zur Seite.

Mein Schwiegervater zum Beispiel hatten einen solchen Freund, das fand ich immer toll. Man hat sein eigenes Leben, lebt das Leben des Freundes jedoch mit. Man geht zusammen zur Schule, studiert gemeinsam. Man ist dabei, wenn der andere heiratet, wenn die Kinder zur Welt kommen, wenn die wiederum heiraten und Kinder zur Welt bringen, die Enkel. Einer von ihnen ist auch dabei, wenn der andere stirbt. Ja, auch der Tod gehört zum Leben dazu. Die beiden Freunde hatten sich einst versprochen: Derjenige, der den anderen überlebt, hält die Trauerrede. Und so kam es. Der Freund stand da und sprach in der Kirche am Sarg meines Schwiegervaters. Damals dachte ich, wie toll das sein müsse, ein Leben lang einen guten Freund zu haben. Einen, der einen bis zum Schluss begleitet. Das hat sicher nicht jeder.

Wie wichtig ist es da, eine Freundschaft gut zu behandeln.

Ich erwähnte schon falsche Freunde und meine Vorsicht neuen Freundschaften gegenüber, weil eine Freundschaft etwas sehr Kostbares ist. Vielleicht so kostbar wie eine seltene Rose.

Das Schöne ist, und darüber bin ich so glücklich, dass

ich auch so eine Lebensfreundin habe. Wir kennen uns seit der Grundschule, mit ihr bin ich immer in die Disco gefahren, und natürlich war bei uns nicht permanent alles eitel Sonnenschein. Es hat auch gekracht, und zwar nicht zu knapp. Zwischendurch hatten wir sogar längere Zeit keinen Kontakt, was an mir gelegen hatte; ich war blöd und beleidigt. Aber sie verzieh mir. Heute lachen wir darüber.

So einen Quatsch machen wir mittlerweile nicht mehr, wie sind nicht mehr blöd und beleidigt. Wir sind jetzt 50 plus. Wir sollten wissen, wo wir stehen. Die Zeit, die wir zusammen haben, ist jedes Mal etwas Besonderes, und das sollte sie auch sein. Wir kennen uns so gut, und das ist wunderschön.

Warum ich das erzähle? Weil jede Frau, die eine solche Freundin hat, gut auf sie aufpassen sollte. Auf sie, auf sich, auf die Freundschaft.

Erst jetzt, mit etwas über 50, weiß ich das so richtig zu schätzen, und das kann man ja weitergeben.

Es ist so schön, wenn wir miteinander lachen (über uns), ich für sie Meraner Nüsse mache, weil ich weiß, die liebt sie über alles, und sie mir meine Lieblingscreme mitbringt. Ich weiß noch, wie ich ihr vor 15 Jahren spontan meinen weinroten, samtenen Lieblingsbademantel schenkte und sie vor Freude fast ausflippte (noch heute trägt sie ihn).

Sie weiß alles über mich und ich über sie, und wir müssen gar nicht viel unternehmen, wenn wir beieinander sind. Wir genügen uns.

Ich wünsche jedem Menschen einen besten Freund oder eine beste Freundin. Ich glaube, man kann diese Person nicht finden, das passiert einfach – aber dann muss man etwas dafür tun.

Ich brauche keine zweite oder dritte Freundin. Mir genügt diese eine. Jetzt, so in der Mitte des Lebens, denkt man über einiges nach, und nicht alles, was man getan hat, war vielleicht gut. Aber so eine Freundin, das hat was. Das tut gut. Das ist schön. Ich fühle mich aufgehoben. Und so gingen die Jahre hin mit ihr:

»Mir geht es heute gar nicht gut.« – »Dann geht es mir auch nicht gut, juhu, dann geht's uns zusammen schlecht, und wir gucken *Diese Drombuschs*. Denn wenn es einem schlecht geht, muss man was für sich tun, auch wenn andere das sinnfrei finden.«

»Ich muss dir unbedingt noch einmal von dem Abend mit Ben erzählen, auch wenn ich es schon hundertmal erzählt habe.« – »Eher tausendmal.« – »Also, das war so …«

»Kaufst du mir Corned Beef zum Frühstück?« – »Das stinkt!« – »Oh, du hast mir ja Corned Beef zum Frühstück gekauft.«

»Du hättest ruhig sagen können, dass du Bedenken bei Jan hattest.« – »Hab ich doch. Mehrfach. Aber du hast nicht zugehört.« – »Du hättest ruhig sagen können, dass du Bedenken mit Jan hattest.«

»Schau mal, dieses Kleid, der Hammer, oder? Dieses Grün! Ich muss es haben.« – »Du siehst darin mit Sicherheit aus wie eine zerquetschte, unförmige Pfandflasche.« – »Du bist fies.« – »Nein, ehrlich. Probier es an.« – »Ich sehe schrecklich aus.« – »Ich weiß.«

»Hast du Lust auf …« – »Ja.«

»Wir könnten doch mal so eine Städtereise machen und ins Museum gehen oder in die Oper.« – »Wir können aber auch gleich zu Hause bleiben und uns das Geld sparen, weil wir eh nur im Hotel bleiben und fernsehen.«

»Wir trinken zu wenig. Der Körper braucht Flüssigkeit.« – »Dann hol uns Sekt.«

»Ich …« – »Ich auch.«

»Ich mag diesen Felix nicht.« – »Jetzt lern ihn doch erst mal kennen.« – »Muss ich nicht, ich mag ihn nicht.« – Drei Wochen später: »Felix ist ein Trottel.«

»Ich fass es nicht. Das ist zwei Jahre her, dass ich gesagt hab, die Kette gefällt mir.« – »Ja, und so lange musste ich drauf sparen.«

Jährlich wiederkehrend: »Ich muss dringend wieder anfangen zu reiten.« – »Ja, dringend.«

Wir in all den Jahren
»*Doktor Schiwago* oder *Vom Winde verweht?*« – »Beides.«

»Wollen wir mal total vernünftig sein und keine Packung Mirácoli für vier bis fünf Personen kochen?« – »Okay, gibt's die auch größer?«

»Ich muss dir was erzählen.« – »Warte, ich hole mir einen Wein.«

»Diese verdammten Wechseljahre.« – »Stell dich nicht so an, willst du lieber tot sein?«

»Ich liebe dich für immer.« – »Brauchst du Geld?«

Ich abends: »Ich ruf noch mal Miri an.« – Mein Mann: »Bis morgen.«

»Ich muss dringend abnehmen.« –
»Ich hab Pizza bestellt.« –
»Ich muss dringend Pizza essen.«

»Wir bleiben für immer zusammen!« – »Für immer!«

»Niemand kennt mich so gut wie du.« – »Manchmal ist das ganz schön anstrengend.«

»Meine Pickel sehen entsetzlich aus.« – »Ja. Aber wir können jetzt nichts dagegen tun.«

»Kai hat mit mir Schluss gemacht.« – »Bin in einer Minute da.«

»Ich hab mit Tom Schluss gemacht.« – »Aha. Für wie lange?«

Eine gute Freundin zu haben ist neben der Tatsache, hoffentlich einen guten Partner zu haben, ein Lebenselixier. Diese schöne Gewissheit, dass es da jemanden gibt, mit dem man alles teilen kann, der weiß, was man denkt, und handelt, wie man es vorhersagt. Herrlich. Ich bin froh und dankbar, dass ich bei dieser Sache nicht mehr auf der Suche sein muss. Wie schon gesagt: Ich kann nur jedem raten, eine beste Freundin gut zu pflegen. Sie fallen nämlich nicht von den Bäumen.

Feiert eure Freundschaft! Und genießt es, sie zu haben! Jawohl!

Einfach statt schwierig

Mit welchen einfachen Methoden ich es mir einfach mache – einfach so mal aufgeschrieben:

- Auch wenn ich mein Gehirn trainieren sollte und es nur fünf Dinge sind, die ich einkaufen möchte: Ich mache mir einen Zettel. Das hat den Vorteil, dass ich nicht ständig halblaut die Worte »Klopapier, Butter, Senf, Käse, Schnittlauch« vor mich hin murmele und in Panik gerate, weil ich möglicherweise eins davon vergessen könnte, davon abgesehen, dass man mich für sonderbar halten könnte.
- Also, ich weiß ja nicht, wem's noch so geht, aber ich finde die meisten Bügelbrettbezüge scheußlich. Die Hersteller sollten sich mal überlegen, dass jemand, der bügelt, die ganze Zeit auf den Bezug starren muss – und der sollte nicht knallblau mit gelben Vögeln drauf sein (wenn man weiße Blusen bügelt, sieht es immer so aus, als habe jemand auf sie gepinkelt). Deswegen habe ich einen selbst genäht, in Weiß, den ich regelmäßig waschen kann. Ich schwöre, seitdem bin ich beim Bügeln weniger aggressiv.
- Ich neige dazu, das Telefon im Arbeitszimmer liegen zu lassen. Auch wenn ich einen wichtigen Anruf er-

warte. Natürlich klingelt es immer dann, wenn ich gerade auf dem Klo bin oder mir ein Süpplein koche. Merke: Telefon immer mitnehmen (das hört sich jetzt völlig bescheuert an, aber es stimmt).

- Ich lasse hinter mir stehende genervte Menschen an Supermarktkassen den Vortritt. Das ist klasse, denn dann muss man das »Ts, ts, ts« nicht mehr hören und das genervte Gesicht nicht mehr sehen. Außerdem bin ich nicht mehr vom Warten genervt, weil ich die ganze Zeit überlege, ob der Mann/die Frau sich noch mal abschließend bedankt.

- Ich habe immer eine Permanenttasche dabei. Immer.

- Ich bin freundlich zu Marktforschungsmitarbeitern. Warum sollte ich auch unfreundlich sein? Die haben es schwer genug.

- Wenn ich einen Strafzettel kriege, dann kriege ich einen Strafzettel. Das passiert ja nicht ohne Grund, sondern ist Folge von Regeln. Warum sollte ich mir darüber mehr Gedanken als nötig machen? Ich bezahle die zehn Euro, und mit Sicherheit werde ich keine entwürdigenden Diskussionen mit einer Politesse anfangen, die nichts bringen.

- Wenn ich mal richtig entspannen muss, weil mir der Kopf schwirrt, dann gehe ich – manch einer wird den Kopf schütteln, aber eine Bekannte gab mir mal den Tipp – auf den Friedhof. An keinem anderen Ort herrscht diese besondere Ruhe. Ich setze mich auf eine Bank, denke nach und nach und nach und merke schon nach ein paar Minuten, wie ich ruhiger werde und sich alles sortiert. Es ist diese Atmosphäre, die auf einem Friedhof herrscht, als würde alles hier seinen Frieden finden. Ich hätte nie gedacht, dass das bei mir funktioniert. Aber ich kann es nur empfehlen.

Auf einmal bin ich dankbar

Bei jeder Frau verändert sich ab 50 etwas anderes. Einigen wird bewusst, dass sie genug Geld verdient haben und bald nicht mehr arbeiten oder zumindest nicht mehr so viel arbeiten müssen. Bei anderen wird eine überstandene Krankheit zu einem Auslöser für neue Wege, und manchen finden endlich ihren Traummann. Jeder Mensch entwickelt mit dem Älterwerden seine eigene Perspektive, rüttelt noch einmal an den Werten und Vorstellungen.

Vor einiger Zeit saß ich allein auf unserem Balkon, vor mir einen Aperol Spritz. Es war ein schöner, warmer Frühlingsabend, und auf einmal dachte ich: Alles ist gut. Ich bin dankbar.

Diese Sätze waren mir zuvor noch nie in den Sinn gekommen, und ja, ich glaube, das hat was mit der Zahl 50 zu tun. Man fängt auf einmal an, anders zu denken. Man hat schon einiges erlebt und lässt das Erlebte an sich vorüberziehen. Jedenfalls war das bei mir so, und ich stellte fest, dass so viele Dinge im Lauf der Jahre eine ungewöhnliche Richtung genommen haben, dass ich eine Menge gewuppt habe, aber auch Tiefschläge einstecken musste.

In diesem Moment, auf dem Balkon und den Aperol Spritz vor mir, kam ein wirklich schönes Gefühl in mir hoch, nämlich Dankbarkeit. Dankbarkeit für alles Mögliche, das ich bislang als Selbstverständlichkeit hingenommen hatte:

- Seit 18 Jahren bin mit ein und demselben Mann glücklich und auch noch in ihn verliebt.

- Davor hatte ich einige Trottel am Start, aber auch denen scheint es jetzt gut zu gehen. Nette Kerle, aber vielleicht waren wir einfach nicht die Richtigen füreinander.
- Dieser Mann, also meiner, keiner der Trottel, macht auch noch das beste Risotto der Welt.
- Ich bin gesund (immerhin habe ich ja die ganze Dose mit den Papain-Kapseln aufgebraucht), mein Mann ist gesund und mein Sohn auch.
- Ich kann mir eine regelmäßige Pediküre bei der Kosmetikerin leisten, das war nicht immer so.
- Ich kann mich selbst versorgen.
- Ich habe einen tollen Sohn, der seinen Weg geht, und ich bin sehr stolz auf ihn.
- Ich besitze einen klasse Gebrauchtwagen, mit dem ich zwar angeblich nicht fahren kann, eine Kutsche mit lahmenden Pferden wäre schneller, weil ich zu defensiv bin – aber immerhin kann ich ihn mein Eigen nennen.
- Ich habe genug zu essen und zu trinken, das war auch nicht immer so. Manchmal habe ich sogar zu viel zu essen und zu trinken, und das wird mir hin und wieder zum Verhängnis.
- Ich kann in den Urlaub fahren, auch wenn ich gern zu Hause bin.
- Ich wohne in einem Land, in dem ich nicht zum Tode verurteilt und hingerichtet werden kann – oder einfach so erschossen. Darüber machen sich seltsamerweise die wenigsten Leute Gedanken.
- Ich habe nette Menschen um mich herum, und so, wie es aussieht, wird das auch so bleiben.
- Ich habe eine beste Freundin.
- Ich befinde mich in der privilegierten Situation, einen Job zu haben, der mir Spaß macht.

- Ich fühle mich wohl, da wo ich bin, das heißt aber nicht, dass ich den ganzen Tag in der Badewanne vor mich hin dümple.
- Ich bin mit mir im Reinen (und auch gewaschen).

Gewiss, gewiss, es könnte alles noch viiiel besser sein, der Mensch strebt stets nach mehr, so sagt man. Aber bei mir traf das nicht zu. Och, dachte ich, nö. Stattdessen: eine tiefe Zufriedenheit, die sich in mir breitmachte, und das war ein wundervolles Gefühl.

»Gut möglich, dass das an den Tabletten liegt, die du wegen deiner Arthrose nehmen musst«, mutmaßte mein Mann sehr romantisch, als ich ihm davon erzählte. Auch das machte und macht mich froh: dass er eben so ist, wie er ist.

Ist es nicht herrlich, mit 50 wenigstens halbwegs angekommen zu sein? Also, ich finde schon.

Ich muss nicht mehr alles erreichen, ich muss nicht noch mehr haben (ich rede nur von mir, aber ich denke, vielen geht es genauso). Wer ständig nach noch mehr hechelt, kann das Vorhandene doch gar nicht schätzen. Was nützt mir denn ein Porsche (nicht dass ich einen hätte), wenn ich schon bald nach dem nächsten Porsche oder einem Jaguar oder was weiß ich giere. Wie viel kostbare Lebenszeit geht einem dadurch nur verloren ... Hallo, wir sind jetzt 50 und drüber – seien wir zufrieden mit dem, was wir haben. Versuchen wir doch, das Schönste daraus zu machen. Vergessen wir einmal die ganzen Medien und die diversen sozialen Plattformen, seien wir einzig und allein bei uns. Mit dieser inneren Befreiung gehen wir durch unsere Wohnung, schauen uns Bilder und Fotos an, freuen uns auf den nächsten Urlaub, auf den Sommer, verschönern unseren Balkon mit Pflanzen, freuen uns auf Weihnachten, aufs Backen, auf die schönen Düfte.

Es braucht nicht viel, um zufrieden zu sein.

Ich kann immer nur den Kopf schütteln über Frauen, die nichts genießen können und immer schlecht gelaunt und missmutig sind. Das trifft zum Beispiel auf eine Bekannte zu, mit ihr hatte ich folgendes Erlebnis, das lief so ab:

»Oh, da ist ein süßes Café, die haben drin sogar Kronleuchter. Komm, wir gehen da rein.« (Ich, natürlich)

»Schönen Dank auch, mit Sicherheit knallt mir der Leuchter auf den Kopf. Und außerdem – sieh dir die Einrichtung an, so plüschig und verspielt, ich bin doch keine Puppenmutter.«

»Aber die haben bestimmt leckere Torte.«

»Wir haben doch gerade zu Mittag gegessen.«

»Aber Torte geht doch immer.« (lechz)

»Ich muss noch bügeln, und um sechs kommt Leon vom Training, so ein Mist, bestimmt ist wieder alles dreckig.«

Und so weiter.

Also ich, ich als Person, genieße das, was mir vor die Augen kommt, in dem Fall auch Torte. Ich ärgere mich heute noch darüber, dass ich nicht in das süße, plüschige Kronleuchter-Café gegangen bin.

Solche Muffeltanten, die mit nix zufrieden sind, kommen mir nicht mehr ins Haus. Aber nicht nur sie, es gibt da auch noch andere Vertreter der menschlichen Gattung. Denn das Gute am Älterwerden ist die Tatsache, dass man mehr und mehr die Leute durchschaut. Und wenn man sie nicht durchschaut, dann wird man zumindest vorsichtiger. Bei mir war ein Betrugsversuch der Auslöser:

Ich ging die Straße entlang, es hatte geschneit. Vor mir lief eine kleine Frau, die sich plötzlich bückte und etwas aufhob. Dann drehte sie sich zu mir um, strahlte mich an und hielt einen goldenen Ring hoch.

»Gerade gefunden«, sagte sie.

Ich sagte: »Ach, was für ein schöner Ring. Wir sollten ...«

»Wissen Sie was«, erklärte die Frau entschieden, »ich schenke Ihnen den Ring. Sie sehen so aus, als könnten Sie eine Aufmunterung gebrauchen.« (Was in der Tat stimmte, an diesem Tag war ich nicht gut drauf.)

»Nein«, widersprach ich. »Vielleicht hat jemand den Ring verloren. Er sollte in ein Fundbüro gebracht werden.« Ich musste an die Besitzerin des Reifs denken, denn einen solchen verliert niemand gern, es sei denn, man reißt sich den Ehering vom Finger, schleudert ihn von sich und schreit: »Ich lasse mich scheiden!« (Ich würde den Ring dann eher verkaufen, aber darum geht's ja hier nicht.)

»Keine Zeit«, wehrte die zarte Frau ab. »Können Sie ihn nicht ins Fundbüro bringen?«

Anschließend begann eine Diskussion darüber, dass ich den Ring ja behalten könnte, obwohl sie ihn gefunden habe. Wenn sie ihn mir gäbe, wüsste sie ja nicht, ob ich ihn wirklich ins Fundbüro bringen würde. Ich müsste ihr dann wenigstens zum Ausgleich ein bisschen Geld geben. Sie schaute mich treuherzig aus ihren großen braunen Augen an, und ich hätte nicht sagen können, was mich dazu bewegt hatte, aber ich holte mein Portemonnaie aus meiner Tasche und wollte ihr zehn Euro geben. (Dabei hatte sie mir den Ring anfangs schenken wollen, aber das hatte ich in dem Hin und Her schlicht vergessen.)

Plötzlich kam just in diesem Moment von irgendwoher

ein junger Mann angerannt, rempelte mich an und schnappte sich mein Portemonnaie. Die Frau sagte nur: »Oh, oh …«, und schon war sie auf und davon. Den Ring ließ sie fallen. Ich hob ihn auf, war völlig geschockt.

Ich mache es kurz: Der Ring war natürlich nicht echt, das Ganze ein abgekartetes Spiel; die Frau und der Mann gehörten zusammen, waren ein Gauner-Team.

Ich war verdammt traurig. Dass ich so dumm war und auf dieses Spiel hereingefallen war, machte mich zusätzlich wütend.

Wenigstens fand ich mein – natürlich bargeldloses – Portemonnaie an der nächsten Straßenecke wieder. Der Mann hatte es freundlicherweise auf den Boden geschmissen. Ich war um 100 Euro ärmer und eine Weisheit reicher: Sei vorsichtig bei Menschen, die du nicht kennst.

Damit fährt man immer gut, man muss es ja nicht gleich offensichtlich zur Schau stellen. Man kann auch still und leise vorsichtig sein. Zwischen den Worten hören und fühlen. Nachdenken. Überlegen, ob dieser Mensch einen Platz bei mir hat. Damit meine ich nicht, dass diese Person ein Freund oder eine Freundin werden soll (das mit den neuen Freundschaften habe ich an anderer Stelle thematisiert). Ich meine hier, ob ich überhaupt etwas mit ihr zu tun haben möchte.

Früher lief das so bei mir ab: Ich habe alle in mein Leben gelassen, ich war freizügig mit meinen Äußerungen, und manchmal habe ich viel zu viel erzählt. Das Problem dabei ist, dass man manche Leute dann nicht mehr loswird. Heute merke ich recht schnell, wer gut für mich ist und wer nicht. An Kleinigkeiten:

- Hört er zu?
- Was antwortet er?

- Ist er dominant, was Äußerungen angeht?
- Ist es ein Besserwisser?
- Fühle ich mich klein und doof in seiner Gegenwart?
- Will er mir einen Ring schenken (kleiner Scherz)?

Je nachdem, wie ich auf diese Kleinigkeiten, die gar nicht so klein sind, antworte, sage ich Ja oder Nö. Bei einem Nein ziehe ich mich zurück. Manche dieser Menschen wollen das aber nicht akzeptieren und lassen ein »Ich komme nicht mit« oder »Ich habe kein Interesse« nicht gelten. Und bei einigen dieser Exemplare musste ich sogar noch deutlicher werden, sagte dann klipp und klar: »Ich habe kein Interesse an dir.« Aber selbst dann hörten sie nicht auf, penetrant nachzufragen, weshalb, wieso und warum.

Distanzlose und/oder narzisstische Menschen habe ich früher angezogen wie Honig die Bienen. Heute nicht mehr. Heute bin ich älter, ich sage rechtzeitig und kompromisslos: »Stopp!« Ich merke, was mir nicht guttut.

Und das tut mir gut!

Danke, 50!

Ich kann mehrere Dinge gleichzeitig machen, bin ich nicht toll?

Das ist nicht mehr mein Ding, das ist ähnlich vorbei wie die Rechtfertigungen.

Meine langjährige Bekannte Ginendel ist so eine Person, die ich einerseits bewundere und andererseits ununterbrochen schütteln könnte. Ginendel lebt nicht, Ginendel handelt und organisiert und wirbelt – und das ohne Unterlass. Sie hat den Begriff Multitasking erfunden, sie ist die Inkarnation einer Person, die mehrere Tätigkeiten gleichzeitig erledigt, ich glaube, sie kann gar nicht mehr anders. Ginendel hat drei Kinder und einen viel beschäftigten Mann, und sie wuppt alles alleine und alles gleichzeitig. Sie erinnert mich an den Spruch aus der Vorwerk-Werbung, in der eine Frau sagt, sie leite ein kleines, erfolgreiches Familienunternehmen – damit meint sie ihre Familie, eigentlich will sie sagen, dass sie ohne den Vorwerk-Staubsauger aufgeschmissen wäre.

Ginendel also steht ständig unter Strom, und wenn sie mich anruft, läuft unser Gespräch so ab:

Sie: »Huhu, was machst du gerade? Frau Behrend, auch die Ecken saugen, bitte, und sagen Sie dem Gärtner, dass der vordere Rasen gemäht werden soll. Huhu, was machst du gerade?«

»Ich trinke Kaffee, und dann …«

Ich höre Ginendel tippen. »Ich trinke auch Kaffee, warte mal, mein Handy klingelt, ach Stefan, danke für den Rückruf, was ist mit der Telco, mit den Jungs in Texas? Irgendwann will ich auch mal den Vertrag abschließen, ja, sag denen jetzt. Und was machst du sonst noch?«

Ich: »Nichts. Ich trinke nur Kaffee.« Ich fühle mich wie in diesem Loriot-Sketch, in dem der Mann einfach nur dasitzen will und die Frau ihm dauernd sagt, dass man doch nicht einfach nur dasitzen kann, sondern etwas tun muss.

»Du trinkst nur Kaffee?« Ginendel räumt derweil die Spülmaschine aus, dann klingelt ihr Handy, und die Leute von der Telco sind dran. Ginendel hat das Handy auf laut gestellt. Irgendein Dane fragt auf Englisch, wo man stehe und warum und wieso es nicht weitergehe.

»Ich mache heute einen Kalbsbraten mit Niedrigtem-peratur«, flüstert Ginendel. »In einem Bratschlauch. Das funktioniert so wunderbar.« Dann macht sie die Jungs in Texas rund.

Und so geht das immer weiter. Nach Telefonaten mit Ginendel war ich früher fix und fertig, nervös und un-ausgeglichen. Eine Zeit lang habe ich mal versucht, es so zu machen wie sie; es gelang mir auch, aber ich war dabei kreuzunglücklich. Aber so musste man es ja machen, alle machten Multitasking, und die Frauen erst recht, nicht wahr? Man fand es voll cool, die Hemden des Mannes von der Reinigung abzuholen, dabei ins Telefon DAX-Werte zu brüllen und fettarmen Joghurt zu kaufen. Und merken konnten sich diese Wahnsinnsweiber auch alle ganz viel.

Himmel, was hatte ich mich gestresst, um wie sie zu sein. Alles gleichzeitig, zwei Telefonate, Frühstück, Job, in den Laptop tippen … Irgendwann bekam ich Kopfweh und merkte, dass das überhaupt nicht mein Ding war.

Ich kann die Frauen nur bewundern, die mit ihren vie-len Kindern klasse umgehen, sich freiwillig zu Fahr-diensten einteilen lassen und im Job alles geben. Die Windeln wechseln und parallel immens wichtige Telefo-nate mit wichtigen Menschen in Korea oder Tasmanien führen, Einkaufszettel schreiben und auch noch auf dem Crosstrainer stehen.

Ich finde das klasse, wirklich. Aber es ist nicht mein Ding. Und ich finde, keine Frau, die findet, dass das nicht ihr Ding ist, sollte sich dazu zwingen.

Ich mache immer nur eine Sache. Ich lasse mich von diesem Multitasking-Wahn nicht mehr mitziehen. Wie eine Irre habe ich mich früher fast überschlagen, um alles auf einmal zu machen, nur um vor anderen glänzend dazustehen. Irgendwann war der Punkt gekommen, wo es nur noch absurd war. Ich stand vor der Wursttheke im Supermarkt und hatte zwei Handys am Ohr. In diesem Moment dachte ich: Bist du eigentlich komplett bescheuert? Stehst hier und schreist ins eine Handy, dass du einverstanden bist, das und das zu schreiben, und brüllst ins andere Handy, dass … Habe ich jetzt vergessen. Wie meine Oma immer sagte: »Dann kann es ja auch nicht so wichtig gewesen sein.«

Ich für meine Person mache nichts mehr gleichzeitig.

· Wenn ich walke, telefoniere ich nicht und höre auch keine Musik, ich walke.
· Wenn ich telefoniere, sitze ich auf einem Stuhl oder auf dem Sofa und telefoniere.
· Wenn ich fernsehe, sehe ich fern.
· Wenn ich koche, koche ich.

Was soll dieses Streben, alles zur selben Zeit zu können? Letztlich ist es wie mit den Rasern auf der Autobahn: Spätestens im Stadtverkehr fahren sie plötzlich wieder vor einem. Was wollen sich die Leute damit beweisen? Dass sie noch mehr können, noch mehr leisten, noch toller sind?

Nicht mehr mit mir. Was ich mache, mache ich richtig, und ich mache immer nur eine Sache und nicht zwei gleichzeitig.

Ich bin jetzt 50. Ich bin doch nicht verrückt.

Genauso dämlich ist es, ein schlechtes Gewissen zu haben, davon habe ich mich auch verabschiedet. Und zwar deswegen, weil es ein völlig überflüssiges Gefühl ist. Dauernd haben Leute ein schlechtes Gewissen, weil sie irgendetwas nicht gemacht oder sich da und da nicht gemeldet haben, oder weil sie etwas gemacht haben, was sie nicht richtig fanden. Sie haben ein schlechtes Gewissen, weil sie nicht wissen, wie sie das wiedergutmachen können.

Dazu drei Erfahrungen von mir:

1. Wenn ich gestern nicht Walken war, obwohl ich es mir fest vorgenommen hatte, dann habe ich kein schlechtes Gewissen, denn ich kann es sowieso nicht mehr ändern. Also gehe ich entweder jetzt walken oder zu einem anderen Zeitpunkt. Gestern ist vorbei, das schlechte Gewissen kann ich mir also sparen.

2. Wenn ich jemandem versprochen habe, dass ich ihn anrufe und das aber nicht mache, dann überlege ich nicht tagelang, ob ich doch noch anrufen soll. Ich rufe einfach an und entschuldige mich dafür, dass ich nicht angerufen habe. Ein schlechtes Gewissen muss ich in diesem Fall nicht haben.

3. Wenn ich Sahnetorte gegessen habe, obwohl ich keine Sahnetorte essen wollte, dann esse ich morgen keine Sahnetorte und vergesse, dass ich sie heute gegessen habe. Ich kann sie ja kaum wieder ausatmen.

Die Liste kann man beliebig fortführen. Dass man schlechtes Gewissen haben muss, gilt natürlich nur für »normale« Dinge. Kein Serienkiller sollte jetzt aufatmen und sagen: »Puh, gut, dass ich das gelesen habe. Ich muss nun kein schlechtes Gewissen mehr haben, da kann ich ja gleich den Nächsten umbringen.«

Was ich mit 50 gelernt habe, ist die Einfachheit des Lebens. Dieses Reden um den heißen Brei, das brauch ich nicht mehr. Ich sag, wie es ist – und gut. Ich kann es ja freundlich sagen.

Ich weiß, dass ich nicht perfekt bin und es auch nie sein werde.

Ich weiß, dass ich Fehler mache, aber das ist gar nicht schlimm.

Und ich weiß, dass man es sich verdammt einfach machen kann, wenn man nur will.

Ich werde es mir zumindest nicht mehr schwer machen.

Warum auch?

Ich bin jetzt über 50! Ich habe das Recht auf ein wunderwundervolles leichtes Leben.

So wie wir alle!

Klingt leicht. Soll es auch.

ENDE

Dank

Danke an:

meine Agentin Petra Hermanns. Himmel, bin ich froh, dass wir uns gefunden haben.

meine Lektorin Stefanie Hess für Geduld und Freundlichkeit!

meinen Mann, mit dem das Leben einfach schöner ist.

Ein augenzwinkerndes Buch über das Älterwerden

Monika Bittl

Ich hatte mich jünger in Erinnerung

Morgens im Bad schaut uns aus dem Spiegel eine Frau an, die wir irgendwie jünger in Erinnerung hatten. Mittags huschen wir zum Optiker, um eine Lesebrille zu erstehen – die wir nur von unseren Omas kannten. Und abends im Biergarten ist plötzlich irgendetwas anders: Für die jüngeren Männer scheinen wir unsichtbar geworden zu sein.

Älterwerden ist scheußlich und wunderbar zugleich. Es kommt nur auf die Perspektive an! Man kann es tragisch sehen oder komisch. Monika Bittl und Silke Neumayer haben sich für den Humor entschieden und bekämpfen die kleinen Einbrüche mit den besten Waffen der Frauen: der Selbstironie und dem Lachen über sich selbst.

*In ihrem neuen Buch nimmt
Bestsellerautorin Monika Bittl auf bewährt humorvolle Weise
alle Facetten des Ehelebens aufs Korn*

Monika Bittl

Ohne meinen Mann wär ich glücklich verheiratet

Lesewellness für die Frau mit Anhang

Ohne meinen Mann wär ich glücklich verheiratet ist ein unterhaltsames Buch über die Liebe, die Ehe und das Auf und Ab, das mit beiden verbunden ist.

Nach ihren großen Bestsellererfolgen *Ich hatte mich jünger in Erinnerung* und *Ich will so bleiben, wie ich war,* die sich um das Älterwerden drehen, nimmt sich Monika Bittl nun die Paarbeziehung vor. In herrlich unterhaltsamen Alltagsgeschichten beleuchtet sie die liebenswerten wie absurden Seiten, die ein Eheleben mit sich bringt. Sie geht der Frage auf den Grund, ob der häufigere Scheidungsgrund eine Affäre oder die ewig herumliegenden dreckigen Socken des Partners sind – und sucht die Formel für eine erfüllte, lange Ehe.

Turbulente Urlaubsabenteuer
einer chaotischen Schauspielerfamilie

Elena Uhlig
Qualle vor Malle
Urlaub mit Familie, Chaos inclusive

Wer denkt, ein paar Tage an den Stränden Mallorcas seien erholsam, hat noch nie mit Frau Uhlig Urlaub gemacht: Wo die liebenswerte Schauspielerin auftaucht, herrscht Chaos. Elena Uhlig landet mit ihrem Mann Fritz Karl und den zwei Kindern in einer Bettenburg und kann sich für keines der Hotelzimmer entscheiden. Da kann der VIP-Beauftragte auch nicht viel ausrichten.
Mit viel Charme und Humor nimmt uns Frau Uhlig in *Qualle vor Malle* mit auf eine turbulente und unterhaltsame Urlaubsreise – mit temporeichen Dialogen und jeder Menge Selbstironie. Sie weiß, dass es mit ihr nicht leicht ist, alles andere wäre aber auch langweilig.

»Elena Uhlig, wie sie leibt und lebt:
lustig, schlagfertig und originell.« *Bunte*

Mit viel Witz, Charme und Humor
gibt die »Queen« Nicole Staudinger Tipps für den Umgang
mit den schwierigen Momenten des Lebens.

Nicole Staudinger

Stehaufqueen

Die Herausforderungen des Lebens elegant und majestätisch meistern

Jeder erlebt einmal Rückschläge, doofe Tage oder auch echte Krisen. Doch wie schafft man es, damit fertigzuwerden und nie die Freude am Leben zu verlieren? Nicole Staudinger weiß, wovon sie spricht: Mit Anfang dreißig erkrankte die Mutter zweier kleiner Kinder an Brustkrebs. Doch anstatt die Hoffnung zu verlieren, entdeckte sie die Stehaufqueen in sich. Heute macht die erfolgreiche Trainerin und Bestsellerautorin anderen Mut, sich ebenfalls nicht unterkriegen zu lassen, sondern immer wieder aufzustehen. Denn: In jeder Frau steckt eine Stehaufqueen.

»Lustig, lebensnah und wahr.« *Süddeutsche Zeitung*